［ 股市10倍奉還 ］

只選主流股
買在關鍵價

首度公開 **4** 條件 **3** 指標！

船長的股票關鍵價投資術

作者序

　　股市中有句話用來形容價值型投資的精神：「人多的地方不要去！」因為長期來看，「人多」或「熱門」本身就是風險，在一陣流行過後，很可能會變冷門。熱門時期的股價常是相對高檔區，隨著景氣循環向下，等到變冷門時，則很容易回到長期的相對低檔區。相對地，若是用一句話來形容波段型投資的核心，那應該是：「人少的餐廳不要去」，因為好吃的餐廳才會一直有源源不絕的客人上門，就像股價會被持續進場的資金不斷的往上推升，二種投資方法有微妙的差異，沒有哪一種才是王道，用適合自己的方法就是好方法。

　　股票投資可以很複雜，如果是法人機構，可能會建構各式精細的產業及財務評估模型，推估股票的內在價值，再依據與市價之間的差距來決定進出。但對一般人來說，這個方法太過專業複雜。而且模型本身存在很多預期與假設，評價面高低更是一個主觀成分很高的因素，拿來預測目標價也就不一定準確。投資也可以很簡單，只根據某一個產業趨勢或想法，不管股價如何就直接進場，但很可能剛好買在波段的高檔區，或砍在股價的谷底。也有投資人只看技術面的機械化指標來進出，但前提是這些技術指標是有用的才行，許多當沖客或短線客會因見樹不見林，而勝少負多。也有存股族，只是

想獲取比定存好的長期報酬，因此買了就放著，能做到
這樣心態安定不隨風起舞，的確很不容易，但存股考慮
的應不止是殖利率，而是公司長期的競爭力，否則可能
會越存越少，這也是需要一點產業知識。

　　投資方法各有巧妙，但也各有缺點，如何既簡單又
兼顧效果，長期以來都是投資人想找到的答案。本書將
以波段投資者的角度，以減法的概念將投資做簡化：選
股只抓大盤中關鍵的主流股族群，並在關鍵價出現時才
出手。

　　在茫茫股海中，選股不容易，本書將闡述如何利
用4個B的方法（Big Change、Buddies、Base及
Breakout），協助我們找到大盤中的主流股，思考主流
股是否有持續下去的結構性因素，並捨去跟大盤漲跌關
係不大的非主流股，這是第一層的減法；針對這些主流
股族群，可以根據股價架構、量價、形態及籌碼，進一
步找到股價的趨勢、支撐與壓力，並決定出重要的關鍵
價位，包括突破的B點、回測支撐的N點二個最重要的關
鍵價，以及必要的停損點如何設定。我們只在關鍵價出
現時才出手，不做不必要的交易，這是第二層的減法。
或者也可以說，本書講的是主流股的關鍵價投資術，只
選主流股，只做關鍵價。本書各章節中並將列舉眾多實
例，以方便讓讀者具體理解內容。

最後針對大盤如何解讀，提出一些常用的判斷方法，所謂「覆巢之下無完卵」，就算操作的是個股，也要關心大盤，如此才能控制合適的持股水位，以趨吉避凶。實務上常見的幾個操作疑問，也會一併做討論。

船長本身在金融法人機構擔任投資經理人的工作多年，在成為專職投資人後，仍忍不住常在FB社團上寫一些簡單的投資想法，並在PressPlay Academy訂閱平台上以「船長的關鍵價投資術」進行財經文章的寫作，也在經濟日報定期寫專文，得到一些熱愛投資的讀者訂閱。因緣之中有幸得到廣廈出版社方宗廉總編的邀約，要我寫一本高中程度就能看懂的投資書籍，雖才疏學淺，仍不怕貽笑大方的勇敢完成本書，願不負期待讓讀者能有所收獲。

從FB社團到訂閱平台財經寫作，最後完成本書，要先感謝出版社的方總編及工作團隊。家人的支持、包容也十分溫暖，特別感謝一群羅東高中老同學的支持，他們在各行各業都很有成就，提供了許多重要的產業訊息，並反饋投資人的需求給我。還要感謝訂閱文章的讀者們，你們的訂閱讓我能更像個職人一樣，持續做好投資分析的工作。

本書經歷數月時間完成，可能的疏漏仍在所難免，若有謬誤還請多加包涵，並不吝指正。

目錄 Contents

Chapter 1

人人
都要學投資

本章將概念性的闡述為什麼人人都要學投資，我們
要將投資簡單化，其實只要當好一個後知後覺的人，
就可以做好波段投資。投資過程中最重要的是在適當
的價位介入，並以賭注的觀念建立停損機制。最後提
醒，如果你不是絕頂高手，就少做當沖交易。

低利率時代要懂得自救

　　1990年代初期，台灣一年期的定存利率約10%，把錢放在銀行是最保險且獲利豐厚的投資，根本不需要做風險性投資，但之後利率開始進入下降週期。到了2004年時，一年期定存利率降到約2%，同期的通膨約3%，開始進入負利率的時代。到了2021年，一年期定存利率約0.77%，通膨來到2.09%，負利率的程度更加嚴重，把錢放在銀行只會越來越薄，錢變得越來越不值錢。如何把錢放在報酬率大於定存利率的資產上，變成你我生活中的切身問題。

　　為什麼我們存款的利率會變得這麼低呢？主要有三個因素，且這些因素幾乎不太有機會看到逆轉。

▋ 政府壓低利率的政策已成為全球常態

　　從2000年網路泡沫、2008年金融海嘯到2011年歐債風暴，各國政府發現採取寬鬆貨幣政策維持經濟成長的效果不錯，保持利率在較低的水準除了可以降低企業資金成本負擔、刺激民眾做更多消費支出，同時也可為政府持續創新高的舉債數字減少利息支出。但若是從反向的角度來看，原本依賴債券或是靠利息為主要收益的個人或金融機構就頭痛了，必須找尋其他替代資產來維持收益率，否則可能會入不敷出，逐漸坐吃山空，勞退基金甚至可能因為無法支付勞工的退休金而破產，因此近年「類債券」、「高殖利率股」、

「ESG」（兼顧環境保護、社會責任及公司治理的基金）或ETF（指數股票型基金）等金融資產逐漸抬頭，這是低利率環境下的趨勢之一。台灣一年期定存利率在2004年之後，就常態性低於消費者物價年增率，表示錢放在銀行定存等於實質性縮水，為了不讓錢變薄，你必須學投資。

▌ 人口老年化助長結構性低利率

一個國家若進入老年化，會減少一般消費支出（除了旅遊、安養及醫療），對資金需求減少，進而會壓低利率，日本就是最好的例子。社會老年化後逐漸進入長期零利率環境，若身無恒產，會變成所謂的下流老人，成為社會問題。

人一生的消費行為有相似的模式及週期，與年齡很有關係。學生時代要買書本、文具、電腦、手機、遊戲、運動；出社會工作幾年後要買台車，或不時出國旅遊、享受美食，買貴重的名牌滿足自己；結婚生子後需要人生的第一間房；等孩子出生就是花很多錢在教育及養育支出上，希望下一代不要輸給別人；等小孩再長大一些，可能需要換一間大一點的房子才住得下，也需要換一台大一點的新車，讓家人坐起來舒服些；孩子成年進入社會工作後，父母雖然支出會減少，但自己可能會因為邁入退休期而沒有收入，除了吃跟用等必要支出之外，大多會儘量縮減開銷，但身體可能時常要維修，醫療及安養支出少不了。

人一生的消費週期像是一座山的曲線，不同時期的支出由少而

多，再由多變少。小孩長大到退休之前的中年，是消費支出金額最大的時期，到了老年期，消費支出才會開始下降。現實一點的說，下一代只靠自己的薪水，若想要買房，都將十分的辛苦，寄望養兒防老的想法不切實際，不如靠自己。因此，為了減少下一代的負擔，也為自己增加收入與生活樂趣，你必須學投資。

▌ 產業結構改變減緩通膨壓力

服務業佔整體產業比重逐漸提高，傳統商品的供應鏈被電商平台縮短，減少了中間價格的剝削，反應在終端零售就變成很難漲價，使通膨數字一直處在相對低檔。儘管美國FED（聯準會）、歐洲ECB（歐洲央行）、日本BOJ（日本央行）三大央行過去幾年印了數兆美元的鈔票，通膨就是不會出現，或者只會曇花一現，一個重要原因就是經濟結構的改變，低通膨及低利率已變成一個常態現象。2021年因Covid-19疫情造成供應鏈出現斷鏈，供不應求加上運費上漲，間接推升了通膨，但根據美國聯準會的預估，此次通膨為復甦初期的短期正常現象，終會回歸正常。

網路時代的新商業模式改變職場生態，許多傳統職位會消失，但也創造了新的公司、新的職位以及新的投資機會。二十年前誰能想到，現在每天睜開眼，人人都離不開Google、Apple、FB、LINE、IG、抖音、Youtube、Food Panda……等等新平台生活模式。這些平台雖然是全球性的，但運作時需要手機、平板、電腦、伺服器、網路等各式硬體零件支援，背後有多少產品是台灣傲視全球的護國神山群在撐腰，才能完整的構築新生活生態圈，這些都是

投資機會。

不止這些新平台，一般日常生活中也時常隱藏了投資機會，比如年輕人在流行什麼新玩意，常常就可能是未來的明星產品；什麼東西缺貨買不到或漲價，就會有企業受惠；後疫情時代想出去運動、遊玩，也會有相關外出服、運動用品、觀光交通等企業受惠，這些也都是投資機會。

在比較利益法則的全球分工下，優秀企業的生產規模會持續擴大，自動化生產使效率提升，加上往低勞力成本區移轉生產基地，或者地緣政治對生產基地的影響，都可能促使優秀企業在這些變化中得到更大的市場份額，生產效率化間接降低了全球商品的成本，這也是一種投資機會。

2020年底全球負利率債券規模達到創歷史紀錄的18兆美元，這些錢面臨到實質負利率的壓力，全世界的錢都需要找到更好的投資機會，這些潛在的買盤會讓股票市值水漲船高，提高股票上漲的機率以及投資報酬率。因此，低利率雖然是無奈的結構變化，對你我的銀行存款不利，但對股票投資卻是好事。

圖1-1 台灣過去30年消費者物價指數年增率
VS. 一年期定存利率

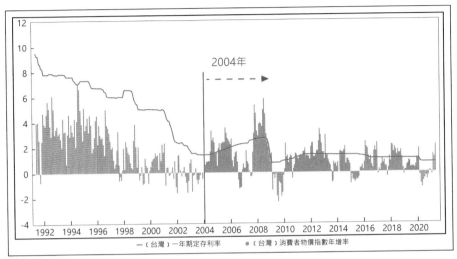

資料來源：Stock ai

圖1-2 全球負利率公債規模

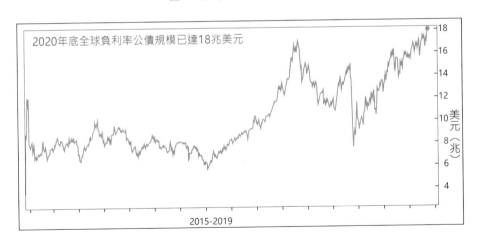

2020年底全球負利率公債規模已達18兆美元

2015-2019

資料來源：Bloomberg

投資就是從不知不覺到後知後覺的過程，
想要投資簡單化，可以採用主流股的關鍵價投資術。

不是先知先覺的股神
也能做投資

蘋果創辦人賈伯斯（Steven Paul Jobs）曾說：「你不可能有先見之明，只能有後見之明。（You can't connect the dots looking forward; you can only connect them looking backwards.）」

世界上的股神沒幾個，因為要當一個先知先覺的老先覺很難。我們大多數人在投資時都是凡人，但其實投資並不需要當一個先知先覺的人，我們只要當一個後知後覺的人，就已經很優異了，因為市場上還有很多不知不覺的人，只要能贏過這些人，就會有不錯的投資報酬。

不知不覺的人就是俗稱的「韭菜」，這個菜大家都吃過，具有很強烈的氣味，種植時很簡單，無論砂土、壤土、粘土等各種土壤，幾乎都可以栽培。當它長高成叢時便可收割，從莖部下方割完後，過一陣子又會自動長新的出來，源源不絕的生長，像是不知不覺的散戶一樣，被主力收割賠了錢，不久後又會有新的一批出來，還是一樣的氣味，一樣是在利多頻傳的頭部追高買股票，利空不斷的底部砍股票。

要如何才能避免在投資上當不知不覺的韭菜呢？不知不覺指的

是知及覺二部分都沒有思考能力的人，「知」指的是「知趨勢」，知曉外界趨勢的變化，以投資股票來說，就是對總體經濟、產業趨勢及企業的經營狀況，有一些概念性或方向性的了解，至少知道什麼產業景氣是好的；「覺」則是「理性自覺」，是對自己內心貪婪與恐懼的自覺及控制，以投資股票來說，就是避免非理性或是情緒化的操作決策。

▋ 如何才能做到「知趨勢」呢？
答案是：抓出主流股！

所謂「打蛇打七寸，擒賊先擒王」，要理解複雜的經濟數據、產業脈動以及企業的經營狀況很不容易，但若以去蕪存菁的方式，迅速抓出重點主流股，一切就變得簡單多了。只要抓到主流股，就能看懂市場在反應什麼趨勢，至於其他非主流的個股，要學會放手。台語俗諺：「滿天全金條，要抓沒半條」，什麼錢都想賺，就很容易什麼都賺不到。若老師上課時，已經跟同學畫重點，我們只要好好把老師畫的重點唸好，通常就會有基本分；在股市裡若有出現主流股，就是市場已經幫我們畫好了考試重點。

在台股超過1,800檔的個股中，不會檔檔都是呈現上漲的趨勢，不同產業有自己的產業循環，不同時期會有不同的主流產業，景氣向上的產業才容易受到市場認同，也才能吸引市場資金源源不絕地流入，持續上漲。

就像觀察一個NBA球隊票房好不好，首先球隊一定要有一個以上的明星球員，最好是三個，所謂「三人成眾」。明星球員靠著

過人的球技吸引觀眾的目光，加上團隊合作的戰術，才能拿出好成績，吸引球迷死忠的支持，進而創造票房及周邊商品的收入。明星球員就相當於主流股，是球隊成功與否的關鍵，過去曾有些球隊雖然戰績不錯，但主要靠團隊戰術的成功，陣中缺乏明星球員，因此球隊的球迷支持度不足，球隊票房及獲利也不理想。球隊要靠明星球員，股票則要靠主流股在資本市場上圈粉。

實務上，為了簡化分析過程，我們會先將股票做分類，除了依照證交所的29種縱向分類（比如水泥股、半導體股、鋼鐵股等），也可以依照概念股來橫向分類（比如電動車族群、碳中和受惠族群、貨櫃航運股等），在這些不同分類的族群裡，還可以進一步找到龍頭股及領漲股，透過簡單的趨勢觀察及股價表現做確認，找到主流族群的名單，這個名單就成為我們鎖定的股票池，每隔一段時間作調整，並不需要每天找一堆新股票。害怕沒跟上別人的腳步的心理，常會讓我們亂買股票；有些投資人會亂找一些冷門股，自以為有巴菲特附身，可以找到沒人發現的大飆股，但十之八九的結果都是不如預期。至於如何挑選主流股，後面章節會再詳細說明。

▌如何做到「理性自覺」呢？
答案是：只在關鍵價出現時出手！

透過有紀律的操作，才能做出理性的投資決策。

只要是人都會有情緒，一有情緒就無法做出理性的最佳決策，但市場上隨時都有新聞及消息，股價每天都在跳動，如何應對是很困難的人性考驗，做紙上投資分析容易，但手上有滿倉的投資部位

時，反應絕對不一樣。價格的每一個跳動，都牽引著我們的實際損益，情緒很容易被引動，只有透過紀律操作，按照關鍵價格來進出，才能做到理性決策。至於如何找關鍵價來操作，後面章節會再詳細說明。

簡單來說，找到主流股，並依照關鍵價來操作，就是讓我們由不知不覺變成後知後覺的好方法，雖然不能像個老先覺的股神一樣威風，但卻能穩定的帶來獲利。

主流股的股價趨勢一旦形成，延續的時間通常不會太短，至少會有幾個月的時間，因此，即使是後知後覺者，一樣來得及參與到波段上漲，即使沒有買在最低點，也沒有賣到最高點，仍可以得到不錯的投資報酬。

根據網路調查，一般投資人在面對投資時，最容易遇到的問題前三名分別是：不知道該投資什麼、投資本金需求太高以及不懂得何時該進出場。

投資本金需求太高可能比較難解決，許多人轉為採用現股當沖交易來加大槓桿，因為原來賣出股票要課徵的千分之3的證交稅，在政府鼓勵交易的優惠稅率政策下，當沖者的交易稅減半，只需支付千分之1.5的證交稅，更重要是不用拿出本金，僅需結算買賣價差即可，因此吸引許多人參與。但當沖想要維持穩定的獲利難度很高，我們後面會再討論。當沖對一般人來說，其實是包著糖衣的毒藥。

另外兩個問題，關於投資標的如何選擇以及何時進出場，就要利用主流股的關鍵價投資術，這也是幫助我們將投資簡單化的方法：

1. 先找出主流股，捨去非主流股，考試先唸老師畫的重點，就有基本分，投資只要有基本分就及格了。

2. 依照關鍵價來操作，買在好的價位才能抱得住股票，因為停損點風險可控，就不怕震盪，也才能參與到波段上漲的機會。

以前收納達人曾教大家，想處理家裡過多的雜物，恢復一個簡潔的生活空間，需要3個字：斷、捨、離。

投資上的雜訊也很多，想要讓投資簡單化，一樣要斷、捨、離，只抓主流股，把其他零零散散的雜訊與個股都捨去，弱水三千只取一瓢飲。

圖1-3 網路調查一般投資人對投資的困難點統計

投資好難的網路十大心聲		
排名	心聲	網路聲量
1	不知道該投資什麼	31,466
2	投資本金需求太高	25,366
3	不懂何時該進出場	22,107
4	擔心股票風險過高	16,169
5	經濟壓力大沒閒錢	15,248
6	害怕被套牢	13,675
7	工作忙碌沒時間研究	13,666
8	害怕被騙	11,606
9	誤信小道消息賠錢	11,335
10	心理素質差晚上睡不好	7,486

資料來源：Daily View網路溫度計（調查期間：2020/3/26～2021/3/25）

投資同時設立停損點，停損就是下注時可以輸掉的賭金

▌心中要有停損點

停損點是什麼？就是事情發展跟我們預期不同時，用來控制損失的決策，其實生活中我們不時會遇到，但放到投資股票時，卻常會讓人無法有決心。

有個年輕女性交往了一位帥哥，但一段時間後，無意間發現這位帥哥居然是個四處留情的渣男，感情世界複雜且聲名狼藉，與他刻意表現出的斯文模樣全然不同，此時身為這位女性的親友團，你會勸她早點分手，還是勸她用耐心與青春去改變這位帥哥？

如果不分手，青春就這麼耗下去，對方是獨立個體，要做什麼是你無法控制的，繼續是個渣男，這位女性只能改變自己的心態，睜一隻眼閉一隻眼，就像已經套牢但卻不停損的股票，天天看著赤字掛在那裡，最後居然看到習慣了，只要某一天小漲，就感到小確幸，但是，有什麼股票值得你如此付出嗎？絕對沒有！

若這位女性毅然選擇分手，那情況可能大不相同，她還能有機會找到更好的人。套牢的股票代表股價跟我們預期的發展背道而馳，把錢繼續套在這裡等解套，就是我們的機會成本。投資是要把

錢拿來買會漲的股票，不是放在等解套的股票。而何時解套我們可能一無所知，因為股價下跌是反應了我們不知道的事，既然掌握度已經降低，又怎能掌握到它會回升。

停損是痛苦的，但不停損常會讓人更後悔。

損失幅度越大，通常越不甘心停損，但你賠掉的將不止是金錢，還會加上寶貴的時間與愉快的心情。投資心理學裡有一種現象：賺錢時得到的快樂，比不上失去時帶來的痛苦。意思是賺錢時感覺會有小開心，但不到興奮的程度，而害怕賺到的錢會吐回去時，恐懼卻很強烈，所以常有人會賣在起漲區附近。因為股價在突破壓力後，有時會先震盪，而你怕獲利縮水，所以一看到回檔就趕快賣掉，但這一賣就是賣在起漲點。

更進一步地說，若原本賺的錢不但吐掉，還變成賠錢時，痛苦的強度就更升級。不甘心停損是一種人性的自然反應，但後續帶來的痛苦，可能會讓人一步錯步步錯，在股價持續下跌，最後受不了時，才把股票砍掉，只是此時常常已經跌一大段，並且可能已經接近底部了，這是沒有適時停損最常遇到的心理循環。

我們看圖1-4的投資心理循環圖，在左側股價上漲的過程中，每次拉回買進好像都對，因為後來真的都續漲了，投資人會對自己的判斷越來越有信心，不斷的加大部位，也樂於與親朋好友推薦，或是在社群上分享自己獨到的看法，但在股價反轉時，也很容易不自知，也許還會加大槓桿，持股水位大於100%。認為股價會有支撐，這在投資心理學上叫做「錨定心理」，股價過去上漲過程中，每次

拉回都是撿便宜的買點，成為心裡認定的模式，因此股價有一天從高點回檔時，投資人認為不但不應減碼，反而應該要趁便宜加碼，因為還會再創新高。

這樣做，有時會對，有時會錯，但只要偶爾錯一次，可能就損失慘重。停損點的機制可能十次有五次都是無用之功，甚至可能停損錯，出現假跌破或破線翻，但只要在重大風險處能發揮功能，就能保長期平安。

圖1-4在焦慮或抗拒期時，很可能就已經是停損點，若投資人確實執行，就能避開後面傷筋斷骨的慘烈下跌，不用在下跌的過程中，心裡一直痛苦糾結，最後在阿呆谷才眼神死，絕望的砍倉，賠錢已經讓人不開心了，還要加上長期的心理煎熬，就更不划算了。

圖1-4 典型的投資心理循環

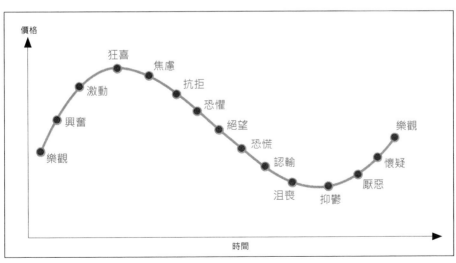

資料來源：Investing World

▎停損點要先確定，才可以進場

船長過去曾在不同的法人機構服務，擔任投資經理人多年，每家公司的投資單位一定都有一條投資準則，那就是停損機制。比較常見的標準是個股損失達15%或是20%時必須停損，若是證券公司的自營部，則容忍幅度更小，可能個股損失達3%或5%就要停損。各法人機構不盡相同，與機構的資金長短期性質有關，但相同的是一定會有停損機制。

當停損價來臨時，有時部位尚未建倉完畢，或者不想停損，此時就要交出不停損報告，說明為何股價不如預期、為何不停損、後續的展望如何，是要原部位繼續等，還是要先減碼部分，或者再加碼，之後每隔一段時間就要檢視一次。若股價沒回升，就繼續交不停損報告，直到股價回升或者出清股票。

你或許會問，法人機構不是都有很專業的研究團隊，照理應該是最了解產業及個股的專家，為什麼還會設停損呢？

千萬別把法人機構神化了，他們只是全職在做研究與投資的人，雖然比一般人具專業知識及經驗，但也是人，也會判斷錯誤。我們面對的總體經濟、產業趨勢或企業營運狀況是動態的，一段時間後可能就有所不同。不同的條件會產生不同的結果，加上資金及籌碼也會有變動，股市參與者的心理預期隨時出現變化是很自然的事，股價不如預期的狀況其實很常見，就算是法人機構也不時會遇到。

有時我們會遇到一家公司明明當前的每股盈餘（EPS）很好，

但股價卻跌跌不休，跌到超乎預期，這主要是預期心理及**籌碼面轉**差所造成。舉例來說，A公司今年預估EPS 5元，本來的本益比是20倍，股價是100元，當市場預期A公司成長性可能下滑，EPS下修到4元時，本益比若一樣是20倍，股價可能跌到80元（4元×20倍本益比），但因為預期心理已經轉為悲觀，因此籌碼面也會變差，此時股價跌幅會更重，本益比已不會給20倍，有可能會下修到15倍，那股價就不是只跌到80元，而是會跌到60元（4元×15倍本益比），EPS下修20%（5元 ⇒ 4元），但股價卻下跌40%（100元 ⇒ 60元）。這種EPS及本益比同時下修的狀況，叫做戴維斯雙擊（Davis double-killing effect），意即基本面變化會讓股價出現雙重的衝擊。像這種狀況發生時，不停損的話，就會套得很深。如果長線還是看好A公司，但若能先停損，等賣壓消化，股價跌到相對低檔浮現支撐時，再重新買回來，就不用苦守寒窯十八年等解套了。

補充說明一下，戴維斯雙擊也會發生在上修的情境，比如A公司的展望變好，預估EPS由5元上修到6元，若本益比一樣是20倍，股價應上漲到120元（6元×20倍本益比），但因預期心理好轉，市場認同度提升，資金湧入該股票，股價可能會漲到25倍本益比，也就是150元（6元×25倍本益比），獲利上修20%（5元 ⇒ 6元），但股價卻大漲50%（100元 ⇒ 150元）。這是戴維斯雙擊的正向情境，因此我們會特別在意獲利表現超乎市場預期的公司，上修的幅度越大，持續期間越久，股價漲幅就會越大，這種股票若具有族群性，肯定是主流股。

法人機構那麼專業都要設定停損了，我們一般投資人更不能輕忽這個動作。若更明確的表達，與其說進場後要設定停損點，不如說要先確定停損點才能進場。

有人可能有開店的經驗，開店之前我們會先規劃一筆開店資金，如果店做不起來時，想中途收手不容易，因為錢已經轉換為營運所需設備或各項支出，所以這筆資金大概要等到快燒光時才會收手，這是創業者停損的難處。但投資股票方便多了，隨時都可以出場，問題是要在什麼地方停損呢？

Netflix有一部影集十分有名：後翼棄兵（The Queen's Gambit），講述美國1950年代一位在孤兒院長大的天才女棋士的故事，成長歷程十分勵志，最後奪得以男性為主的美國西洋棋冠軍，並在國際大賽中與俄國棋神對陣，高手過招，遇到空前的盤局逆境，但她回到初衷，以早期學到的後翼棄兵招式，最後擊敗俄國棋神。她下每一步棋都要想到後面幾十步，棋局結束回家後，還要重新復盤，回顧當天自己與對手走的每一步，檢討當時每一步是否可以有更好的選擇，做為未來的啟發。

我們投資股票不用想到幾十步之後的事，但要事先想好未來可能的利潤空間與停損風險，二者的預估空間最好要達到2：1，甚至是3：1以上。比如預估上漲20～30%，那停損時的損失就不應該大於10%，否則就不值得一賭，停損點要先想好，才可以出手。

但停損點的設定其實不是固定的比例，而是應該要設定在支撐點之下。

前面提到，法人把停損點齊頭式的設定在損失15%或20%時，其實是沒有辦法中的辦法，因為要以標準化作業管控基金經理人的風險，但一般人應要採用更合理的做法。

假設經過判斷後，我們看好X股票未來有上漲的機會，那接下來就是進場點的問題。首先，我們要找出股價的支撐區，進場點離支撐點不能太遠，因為支撐點是我們進場的底氣，也是可容忍的股價震盪範圍，若設定得太寬，一旦被跌破，需要停損時，損失會太大；相對地，若離支撐越近，就代表停損點的風險越小，也就越值得一試，所以，我們要等距離支撐接近一點的價位再介入。介入後，只要支撐點沒有跌破，我們就認為上漲趨勢沒有改變，持續容忍股價的震盪，直到股價開始上漲，或者支撐被跌破，才停損出場。

所謂股價可容忍的震盪範圍，就是市價到停損點之間的距離，也就是我們的賭金，比如某股的市價是28元，可能的支撐在26元，停損點就可設在跌破26元時。若不幸停損時，損失就是28－26＝2元，風險就是2÷28＝7.1%，這2元就是我們的賭金，沒有賠掉之前，就放著等它，若我們判斷對了，就是用這2元來賭4元（停損的2倍）或6元（停損的3倍）以上的上漲空間；若判斷錯了，就是賠掉這2元的賭金。

■ 支撐與停損點是移動式的

這裡要特別說明：支撐與停損點並非固定不動，而是移動式的。隨著股價的上漲，支撐與停損點也會逐步上移，並不是一直停

留在原地，因此可稱為移動式支撐及移動式停損。

以圖1-5為例，站上線3時，線3就變成支撐，停損點可以設在線3下方或破線3時，市價到停損點之間的距離2元，就是我們的賭金。這2元的賭金沒有賠掉之前，就讓子彈飛，放著讓股價去跑，當股價如預期上漲，來到線2之上，形成新的支撐時，停損點3就上移到停損點2，市價到停損點2之間的距離就是我們重新下的賭金，可能是1元或2元，沒有賠掉這筆賭金之前，就續抱等它續漲。

移動式停損的優點是風險持續可以控制，但又可以享受到股價的多頭波段，就算之後因為移動式停損被跌破而出場，也是獲利出場，已立於不敗之地。我們用賭金的概念去賭波段上漲的機會，才可以克服前面提到的心理面弱點：因害怕賺到的吐回去而過早離場，以及不知何時該停損而越套越深。

股價的漲跌跟主力的買賣有關連，但跟你、我持股的成本一點關係都沒有，我們套牢10%或30%時，股價不會有支撐；但若股價跌回到主力想買的價位就會有支撐，支撐若是破了，代表主力也無力防守，或者心態已改變。所以停損點的設定，若是用我們損失多少百分比來當基準，就是與股價風馬牛不相及的設定方法，自然也就脫離股價的現實面，後面再說的任何停損或加碼等動作，就變成只是自我感覺良好的行為。

停損點是我們進場的依據，進場時距離停損點有多遠，常會決定我們這筆交易的成敗，距離越近，風險越小，成功的機率就越大；距離越遠，風險越大，很容易被震盪洗掉，一旦停損時，損失

也會比較大，在套牢的過程中容易做出錯誤的決策，因此成功的機率就越小，這是本書中很重要的概念。

圖1-5 移動式支撐與停損點範例

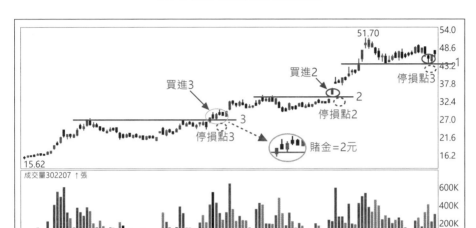

除非你真的很厲害，
否則請做波段操作或長期投資，
不要再做當沖

▌ 後疫情時代投資小白（投資新手）的趨勢

全球的新股民包括台灣，在2020年的Covid-19疫情之後明顯增加，台股在一年之間，新增開戶人數達67萬人，是2019年新增開戶人數的二倍。整個台股的股民中，20～30歲佔36.1%，成為年齡層人數最多的一群，股民已經年輕化，這會形成幾個特色：

■ 短線交易及程式交易熱絡

受惠於當沖稅率減半，不需太多本金就可交易，2021年當沖交易時常佔整體市場約4成以上的成交量，已不亞於國際水準。當沖像是年輕人習慣的電競或手遊一樣容易上手，有可能滑一下手機，一個早上就有高於日薪的收獲，在同儕經驗分享的效應下，更容易吸引年輕人一試手氣。直接的影響是熱門股短期波動變大，反應時間也變快，熱門股的股價常在一天之內大幅波動，間接的影響是股市資訊流通更快，年輕人可以簡便的在網上找到討論或新聞資訊，一有什麼事，全市場就立即反應，當沖交易佔台股每日交易金額時常超過4成，使台股短期波動變大。

ETF及存股型的投資人變多

這部分主要是讓保守的投資人用來取代銀行存款，對抗負利率，屬於長線投資人的主流方法，存股族投入的資金變大，對股市有安定的力量。而ETF規模變大後，則會形成股市助漲助跌的力量。

對國際股票的投資增加

尤其是耳熟能詳的美股藍籌股（藍籌股指大型龍股績優股，如嬌生、高盛銀行、Apple）、科技新創股（如Nvidia、Tesla、Square、Upstart、Nio）等，已成為許多投資人的持股標配名單，而迷因股（meme，指網路社群網友討論度高的小型股）、各式加密貨幣、NFT（非同質化代幣）及元宇宙的崛起，更添增了國際投資的話題性，給人一夕之間就可能大賺的想像空間。

其中最要注意的是當沖交易，表面上有三大魅力：

1. 不留倉：當天的交易當天平掉，不管是先買後賣，或者先賣後買，承受的反向風險只有當天的交易時間，沒有隔夜的風險；

2. 不用高額本金：台股的交割時間為T+2，即成交後的二個工作天才需要交割，當沖只要結算價差，根本不用拿出本金，因此，理論上是可以擁有無限大的槓桿，視個人交易戶頭的交易上限而定，適合沒有太多本金的年輕人放大部位；

3. 當沖稅減半優惠至2024年底：一般正常交易的賣方要課徵千分之3的交易稅，當沖交易稅有減半的優惠，賣方只要繳交成交價金的千分之1.5的交易稅，等同於政府鼓勵短線投機

客而漠視正常投資人。當沖的交易成本降低，當沖客可能只要2、3檔的價差，便可達到損益平衡點，視個人交易手續費折讓數而定。

當沖對年輕投資人有相當的魅力，許多坊間的教學、社群及書籍時常在打廣告，更助漲了當沖的風潮，有些甚至直接標榜無本當沖，可日賺3～5千元，文案很有吸引力，但真的這麼好賺嗎？

▌當沖其實是包著糖衣的毒藥

既然當沖有這麼多好處，船長為何還要勸大家少做當沖呢？

■ 有無法平倉的風險

當沖的部位當天就會平倉，理論上沒有隔夜風險，但偶爾可能會出現當日無法平倉的狀況，比如先買後賣的人，遇到忽然的跌停；先賣後買的，遇到忽然的漲停。若透過盤後交易或借券仍無法平倉時，就有可能因為交割部位太大，而出現違約交割，後續還有跟券商的賠償問題，並會在金融系統中留下不好的信用紀錄。

■ 為了一棵樹，錯失一片森林

有位帥哥認識了一位不錯的女生，互有好感，女生是首富的獨生女，有一天，女生對男生說，我們可以在一起嗎？帥哥心想，我比較適合一夜情，怎可為了一棵樹，錯失了一片森林，於是回答說：「抱歉，我還無法定下來。」這位帥哥不知道這棵樹後面也許是綿延不絕的亞馬遜森林。

當沖交易最可惜的是：好不容易找到的強勢股，原本應該是要拿來波段投資的主流股，可以賺取20%或更多的波段利潤，卻在買進的當天只賺了2%，就急忙把它賣掉。好一點的情況，隔天又繼續入選當沖標的，繼續當沖，但有時賺有時賠，加總起來常是白忙一場。如果好好抱著一個波段賺20%，等於要成功賺2%的當沖10次才抵得過，那有多難啊～

■ 患得患失，心理壓力大

　　成功的短線投資需要一些優勢，包括籌碼面、技術面、消息面及運氣，手腳要很快，其實並不容易。偶爾運氣好時，做得順手，但偶爾運氣不佳時，可能又吐回去，每天很緊張的想在當天之內就賺到錢，在時間壓力之下，即使看對了，也可能做錯。股市走勢不是線性的，來回波動很正常，因為沒有穩定的獲利，久而久之就容易患得患失，不知道怎麼做才是對的，或許要很會打電競遊戲的人才能適應這種節奏。

■ 實質交易成本極高

　　前面我們提到，現股當沖不用本金，只需結算價差，因此具有無限大的槓桿，且當沖稅減半，從交易金額的角度看很划算。我們來細算一下交易成本，為了簡化分析，我們做以下假設：

1. 每天做一次現股當沖，買、賣同一個價位，交易金額各是100萬元，一年做220個交易日。
2. 賣方的證交稅由千分3減半為千分之1.5。

3. 券商手續費率為3折的折扣價，原為千分之1.425，優惠價千分之0.4275。

這樣下來，一年交易成本有多少？518,100元！約當每天交易買進金額100萬元的51.81%。

若是未來當沖稅恢復為千分之3，則一年的交易成本會提高到848,100元，約當每天當沖交易買進金額的84.81%。

看起來毫不起眼的交易成本，日積月累的一年時間內，居然佔如此高的成本，試問有幾人一年獲利能賺52%（或未來沒有稅率減半下的85%），可抵過交易成本的？

說起來跟賭場的抽頭相似，只要有客人，誰見過賭場長期是虧錢的呢？只是在賭場裡，是客人跟賭場之間的零和遊戲，賭場裡客人有可能賺錢，但因為莊家勝率設計是略大於客人，長期下來，在大數法則下賭場一定會贏；而現股當沖是客人、券商跟政府三個角色的零和遊戲，當沖輸跟贏都是客人的事，券商跟政府永遠不會輸，只會抽頭，久而久之，誰把錢賺走了就清楚。當然，市場裡還是會有高手常常是贏家，但絕對是極少數，我們要追求是勝率高的方法，而不是機率小的投資。

當沖很難穩定獲利，因為諸多不利的框架在頭上。那長期投資呢？也不容易，為什麼？

成功的長期投資要對個股基本面及股價的長期走勢有精準的判斷，且要有異於一般人的耐心，等待好的進場點，並忍受持股的價

格波動，有可能到達終點之前，需歷經好幾次的賺與賠的過程。成功的長期投資會有豐厚的投資回報，只是要做到長時間的耐心等待，說真的很不容易，畢竟不是人人能跟巴菲特一樣，有精準的眼光與抱股的修為，心中像有定海神針一樣自在。長期投資的思考邏輯及方法與波段投資不同，並非本書要探討的主題。

投資期間長度介於當沖短線及長期投資之間，還有一種模式是波段投資，應是較符合一般人的時間週期。一個波段大多數的週期會在數週或數月，既順應基本面趨勢，也兼顧股價的現實走勢，並且不需要天天盯盤，是適合一般投資人的模式。它更精確的名稱是：主流股的關鍵價投資術，本書從第二章開始會做詳細的說明。

---

1. NTF（Non-Fungible Token）中文譯為非同質化代幣，也可以説是數位化的創作品，2021年曾有加密藝術家Bepple的作品《EVERYDAYS: THE FIRST 5000 DAYS》由5,000張電腦繪圖組成，以6,934萬美元（折合台幣約19億）在佳士得網站成交。

2. 元宇宙（metaverse）是由「meta」與「verse」所組成的單字，前者為超越之意；後者則為宇宙，一般譯為「元宇宙」。透過設備（電腦、VR或其他）連入的虛擬世界，在其中有豐富的內容可供探索，也有獨立的經濟體系支撐整個世界的運作，並不是真實世界的附屬，而是同等的存在，最常見的形式是遊戲及社群平台。

—— **Chapter 2** ——

選股只選主流股

本章進入關鍵價投資術的主題範圍，首先要先了解我們為什麼只買主流股、成為主流股要符合的4個B的條件是什麼、要怎麼找出主流股，以及參考法人與大戶籌碼變化來提高成功率。本章的內容會比較多，但對讀者未來投資時解讀趨勢會有幫助。

投資簡單化的第一步驟，就是只買主流股，捨去非主流股，聚焦在最舉足輕重的族群上。

很多人曾去過澳門或拉斯維加斯（Las Vegas），四處都是富麗堂皇又佔地廣濶的賭場，裡面有很多工作人員或表演的藝人。對賭場的股東來說，開賭場不但投資巨大，且日常營運費用也很高，可是為什麼賭場長期下來卻都是賺錢的呢？公開的祕密只有一個，那就是莊家擁有微微大於50%的勝率，不同的遊戲有不同的勝率，大約是落在50.5%～55%之間。不要小看這少少的0.5%～5%，長期下來就能創造極大的利潤，不但能養活工作人員，還能讓開賭場的股東們口袋滿滿。船長不是要講賭博，而是要告訴大家，如果我們投資股票時，勝率可以比賭場莊家的好一點，比如60%或70%，甚至80%，而且每次賭錯的時候不要賠太多，對的時候稍微多賺一點，那長期下來獲利就會相當不錯！

但為什麼我們常會聽到有人抱怨股票總是賠錢，投資不是只有買跟賣二個動作，賺跟賠機率各50%嗎？投資真的有那麼難嗎？一年獲利10%以上是不可能的任務嗎？投資之所以難，通常是因為資訊太多，讓人眼花撩亂，加上內心小宇宙時常在糾結，忍不住追高殺低，才會不知不覺中變成韭菜族。有個簡單的方法，可以明顯的提升投資報酬率。

以台股來說，每年都會有主流股族群，一旦出現，上漲1倍是基本消費，漲3倍以上也不少見，因此即使是後知後覺者，只要及時參與到，不需要買在最低點，一樣會有不錯的回報。投資股票只要做好二件事，勝率基本上就會像賭場莊家一樣大於50%以上或更高。

第一件事是選股只選主流股,第二件事是在對的價位買進跟賣出。

下面列舉幾檔代表股,在2018～2021年都曾扮演主流股的角色,這幾檔全都是很正常的中大型股,沒有一檔是投機股,從K線圖可以看到在一年或更短的時間內,這些主流股就有1倍以上的漲幅。即使你是在漲勢中間才參與,也可以得到不錯的報酬,投資主流股是股市最簡單好用的方法。

2018年被動元件大缺貨,產業全部大漲,龍頭股國巨產品一日三市,獲利創歷史新高,股價在半年內大漲4倍;同年自動化產業進入復甦週期,龍頭股上銀獲利回升,股價在一年之內上漲2倍。

2019年手機增加各項3D感測功能,加上基地台等基礎建設開展,砷化鎵晶圓代工龍頭穩懋業績成長,股價在一年之內大漲3倍;手機設計功能日趨複雜之下,散熱元件被導入手機的設計之中,散熱大廠雙鴻業績大增,股價在一年之內大漲4倍。

2020年高速運算晶片隨著5G、AI、伺服器中心及自動駕駛等需求出現大幅成長,最適用於高速運算的味之素堆積膜(ABF,Ajinomoto Build-up Film)成為封裝時必要的材料,龍頭廠欣興電子在一年之內大漲4倍;同年新冠疫情造成居家遠距需求大增,各雲端服務大廠加速伺服器的建置,伺服器印刷電路板(PCB)大廠金像電業績成長,股價在半年多的時間內大漲4倍。

2021年新冠疫情造成全球補庫存的需求湧現,但貨櫃航運面臨塞港、缺櫃、缺人的窘境,運輸的周轉速度大幅下滑,無法滿足運輸需求,貨櫃海運的運費在一年內大漲數倍,台灣貨櫃海運的大航商

陽明海運獲利跳升，股價在半年多大漲7倍；同年，受惠全球基礎建設刺激經濟需求，加上碳中和環保政策在全球成為風潮，鋼鐵價格出現反彈，熱軋大廠中鴻獲利大增，股價在4個月居然就大漲4倍。

若不是身處空頭市場，只要能抓到主流股，就算不是買在起漲點，一年下來也能有很不錯的報酬率。

圖2-1 掌握主流股，一年賺三倍有機會！

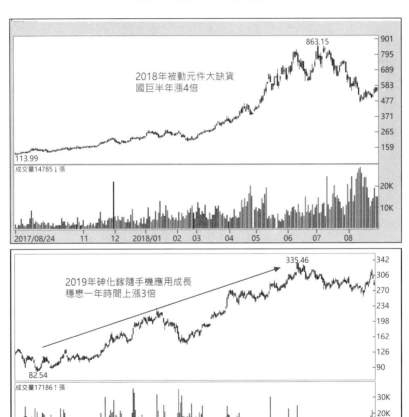

（接下頁）

圖2-1（續）

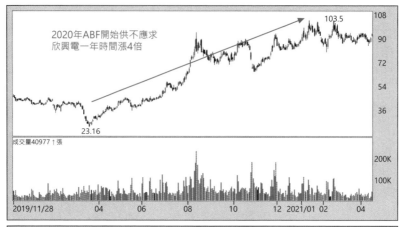

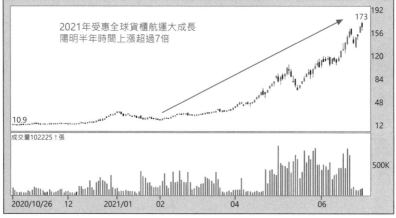

資料來源：群益證券

40

主流股的特徵

▎整個族群沾光，而非單打獨鬥

上市櫃公司的產業包羅萬象，若沒事先加以分類，恐目不暇給，無法抓到市場的重點，一般我們會依照族群或題材，讓有潛力的族群可以區別出來，才有辦法進行選股。

區分產業族群及題材是簡化投資的第一步，分出族群後，再來就是要辨識出哪些族群是市場的焦點。我們由表2-1可以看到，儘管已經簡化過，台股仍可區分為80個以上的族群，每個族群有自己的景氣循環位階，有些族群有上下關係，有些有互補關係，有些可能負相關，有些則是毫無關連。我們要想的是：市場資金可能會往哪些族群去？若是景氣走下坡的產業，自然就沒有辦法產生吸引力；若是景氣復甦期的產業，可能會讓資金前仆後繼，持續湧入，這些被市場看好的產業就是主流股，把錢放在主流股，才能事半功倍。

假設這80個族群是目前的主要分類（未來一定還會一直有新的族群出現），選股就由1,800檔縮小為80個族群。或許還會有人說，80個還是太多啦，看不完那麼多股票。其實在這80個族群裡，去掉景氣走下坡、展望不明朗或是很平淡的族群，範圍就又縮小了，應該只會剩不到一半或更少，這樣我們要找到該關注的族群就簡單多了。

我們說家是社會組織中的最小單位，我們不能沒有家，股票也是一樣，不能當孤狼，孤狼指的是在族群中唯一跟別人逆勢而行的個股。股票要找到自己的歸屬族群，狼也是團結成群才有力量，孤狼式的個股可以不用太注意，所謂孤掌難鳴，不易吸引資金潮進駐，是我們可以捨去的標的。

主流股本身是表現整齊的領漲族群，而主流股裡還可以再找到指標股，把焦點放在這些指標股，這樣我們又可以更進一步地將選股做簡化。

族群裡的指標股有二種，當看好一個產業時，最好以下這二種股票都要買進：一是龍頭股，流入主流族群的資金，一定會配置一部分到龍頭股，因為龍頭股的基本面動能跟產業會一致，比較不會買錯；二是領漲股，很多情況是族群中有一些二線股，受惠於產業復甦的程度反而比龍頭股更大，同時也因為股本小、籌碼集中，一旦上漲，力道特別強勁，常是族群中領先上漲的個股，這樣的股票也要持有。而在同族群中，有一些落後補漲型的個股就可以不買，因為有句話說：「可憐之人必有可恨之處」，意思是股價相對弱勢，代表其基本面很大的機率是相對弱的，因此市場認同度不高，才沒有跟著漲，除非產業景氣實在太好了，而且好的時間持續很久，才會讓這些體質弱的股票感受到景氣好的幫助，才開始補漲。但我們何必去賭這樣的股票，把資源放在龍頭股＋領漲股二種就夠了。

常有一些投資人每天都在找不一樣的股票，新聞寫到什麼好就趕快去換什麼股票，完全不去看股價位階；或者自己很用功的去找

一些沒漲到的冷門股，幻想自己有巴菲特的眼光，可以買到黑馬股，其實做起來一定事倍功半，黑馬沒那麼多，想找到，你需要很多的好運氣。

我們選股不求完美，但大方向一定要先抓對，沒買主流股的人就像老師在考試前已經跟學生說要考什麼重點，學生卻花很多時間去看老師在課本上沒畫到的地方。考試力求100分，但投資不用考100分，先抓對族群就先有40分了，抓好進出價格又有40分，那剩下的20分呢？交給運氣吧！投資只要求及格就可以了。

表2-1 常見的族群分類

AI人工智慧	矽晶圓	Apple供應鏈	5G設備	遊戲股
台積電平台設備	記憶體	iPad mini	mini LED	Macbook供應鏈
MSCI摩台成份股	防疫用品	遠距需求	遊戲機	NB供應鏈
車用電子	感測系統	電動車	Tesla供應鏈	成熟製程IC
太陽能	離岸風電概念股	面板	新藥開發	被動元件
伺服器	網通	光通訊	封裝測試	疫苗及檢測
智慧電網	高爾夫	電動自行車	運動鞋	成衣運動衣
電池	自動化	水泥	鋼鐵	玻璃
銅價關連	貨櫃航運	散裝航運	貨運承攬	物流
5G手機	汽車零組件	民生消費	食品	大小塑化
紡織上中游	電線電纜	汽車	橡膠	營建
資產	金控	銀行	證券及期貨	保險
工業電腦	系統整合及軟體	光學鏡頭	IC通路	資訊通路
IC設計	第三代化合物	電子零組件	PA及3D感測	AMD/Nvidia
航空	旅遊	醫藥美容通路	民生消費通路	晶圓代工
碳中和	美國基建	CDMO生物製藥	保健食品	航空

資料來源及整理：船長

▋ 漲得快，跌得少

　　一個籃球隊光靠明星球員一個人得分是不夠的，若籃球隊中的明星主將以奮戰精神去飛撲搶球時，整個球隊的士氣就很容易被帶起來，球隊的戰力瞬間獲得提升；一個新聞事件發生時，大家剛開始的看法可能會分歧，正反兩面的想法都有，若此時有一個舉足輕重的人，提出一個有說服力的思考方向，就很容易引起共鳴而形成風潮，這個人也可稱為意見領袖，因為很多人會跟著意見領袖走，自然形成一種羊群效應。主流股就是股市的領頭羊，是帶風向的領袖，可以影響整個局勢。當主流股強勢時，大盤不會弱；當主流股弱勢時，大盤不會強。我們可以用二個方向來描述主流股：

1. 主流股的基本面具有清楚、簡單而有力的題材，以景氣動能來看，在各產業或族群中名列前茅，是市場的投資人容易有認同度的題材；

2. 主流股吸引源源不絕的資金流入，股價表現整齊且相對強勢，經常創新高，上漲時能帶動大盤，但大盤跌時，卻又不見得會跌。經過一段時間的累積後，主流股常有驚人的漲幅，時間一定是主流股的朋友。

　　大盤上漲時，看到主流股的強勢表現，一些投資人會受到吸引而一起加入，也有一些投資人看到有股票這麼強勢，雖然不敢追主流股中漲很多的個股，但卻敢去買一些沒有表現到的個股，形成一種正面的效應，互相拉抬。而大盤下跌時，主流股一回檔可能就有買盤，因為之前沒上車的人想趁機上車，回檔的幅度會比較淺，或者即使回檔的幅度深，但反彈卻極快，不久後又能續創新高，即使

短套，也很容易解套。非主流股就不一樣了，大盤漲的時候雖然跟著漲，但大部分個股的漲幅不如大盤，或者有漲，但漲的時間很短，要挑到超越大盤的個股不容易；大盤回檔時，則是領先回檔，因為沒有新的資金想進來加碼，一旦套牢，常需要等久一點才能解套。

我們在投資主流股時，很多時候不是買在起漲區，但卻完全不用在意，因為買股票是買未來上漲的機會，不是買來跟人比誰的成本低。有些股票即使已經漲了很多，但只要未來還能漲，就值得買！不過，實際投資的時候還是有一些進、出場點的原則要注意，這部分留到後面關鍵價的章節再來討論。反過來說，若股價還沒跌夠，未來還會下跌，股價再低也不值得買，因為買了會賠就不應該買，我們要賺的是波段利潤，跟價值型投資撿便宜的思考角度不同，甚至是相反的。

4B法則

　　能成眾人追捧的明星不簡單，一定有他迷人的魅力，以及成名的機遇；能成為人氣匯萃的主流股也有一些條件與時機。成功的關鍵因素很多，但可以歸納到四個構面，分別以4個B開頭的字母來代表。為讓一般投資人更容易理解與運用，船長會用最少的量化財務分析，儘量以質化的角度去理解產業變化與企業營運，並與股價走勢相配合，讓主流股的長相可以看得更清楚。

▎Big Changes（巨大改變）：
了解變化的原因，比數字更重要

　　有一句名言說：「如果每天進步1%，365天後就有37倍的改變。」要成為一家優秀的企業，決定於經營者勤勉精進的心態，持續以意志力與執行力引導並督促企業團隊前進，每天一點一滴的努力，累積到足夠的能量，在關鍵時刻來臨時，才能厚積薄發，產生巨大的變化。能出現巨大改變的公司，會為投資人帶來無限的想像空間，是股票市場的最愛。

　　一家企業持續改變以適應外在環境的變化，是永續經營的要件；一家不知改變的公司，則遲早消失在歷史的洪流之中。巨大的改變積極來說，可能讓企業創造自己的利基，產生經濟護城河，擴

大與競爭者之間的差距；消極來說，至少能在大環境中成為適者生存的那一個。

巨大的改變若能用「量化數據」來表達，當然很好，但船長更偏好以「質」的角度來分析公司，因為決定一家公司的成敗常常不是數字，而是數字背後的來龍去脈，理解變化的由來，才能看懂企業的未來將會如何走。

巨大改變的原因有很多，有內在的改變，也有外在的改變，以下將針對比較典型的6個原因，直接用實例來做說明，讓讀者可以輕鬆理解。

■ 從產業競爭的角度

分析一家企業，要先由產業供應鏈開始，找出哪些地方是企業的強項、弱項、機會與挑戰。管理學者麥可‧波特（Michael Porter）曾提出一個著名的五力分析，非常簡單扼要，說明一家企業必須面對的五種外部力量，非常適合用來了解一家企業，看懂企業在產業鏈上的優、劣勢，就會對企業是否有巨大改變有大致的輪廓。這五力很容易理解，下面我們用簡單的例子來說明：

1. 同業競爭力：

蘋果手機供應鏈中，有關揚聲器、免持聽筒（耳機）、通訊用麥克風的部分，台灣的供應商中，最大聲學廠—美律公司向來提供了優良品質的產品，也沒出過什麼大問題，但中國的競爭者瑞聲及

圖2-2 麥可‧波特的五力分析

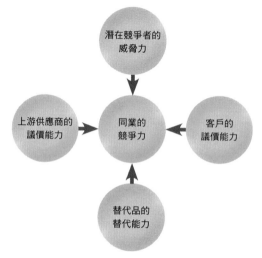

資料來源：Michael E. Porter, Harvard Business Review in 1979

圖2-3 企業面臨競爭，便會影響其獲利率

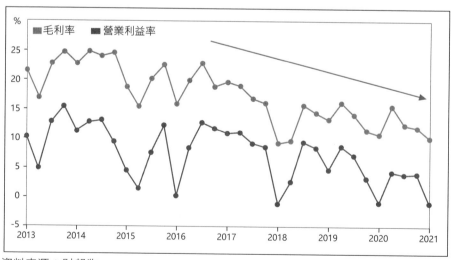

資料來源：財報狗

歌爾聲學，以積極的報價逐步搶下訂單，分食美律在蘋果手機的佔有率，價格競爭壓縮了美律的毛利率，市場預期美律未來的成長性將受到考驗，因此市場就不會給予太高的本益比。

由圖2-3美律的毛利率及營益率走勢，可以明顯看出同業的競爭對美律十分具有威脅性，這也是許多台灣企業所面臨到的紅色供應鏈崛起的問題。甚至有此一說，只要屬於大量生產的產業，一旦被中國企業大規模的介入後，基本上都會變成紅海市場，像是光碟片、LCD、LED、太陽能、手機零組件等等產業皆是如此。

2. 對上游供應商的議價能力：

2020年Covid-19疫情下，全球大多推動安全社交距離政策，造成居家遠距需求突然湧現，各式與NB、TV、網通、消費性電子相關的成熟製程IC需求爆增，但晶圓代工卻只有少數幾家，且已經數年沒有大幅增加成熟製程IC的產能，因此，IC設計公司在無法取得足夠產能，而客戶又有股切需求的情況下，只好加價向上游的晶圓代工下單，希望儘量取得產能，或者不要被別人排擠產能。晶圓代工廠此時擁有很好的訂價權，營收及毛利率均走揚，IC設計公司不管是被動漲價或是主動漲價，也只能吞下去。對上游供應商的議價能力由產業供需結構及企業的相對規模而定，供應商越強大，企業想談出好價格的難度就越高。

圖2-4 晶圓代工聯電毛利率及營益率受惠於稼動率提升及漲價效應

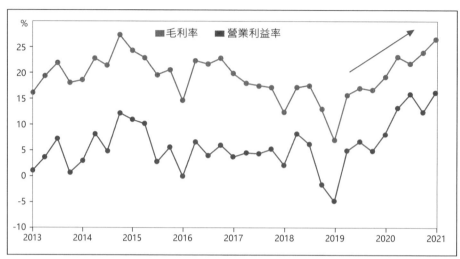

資料來源：財報狗

3. 對客戶的議價能力：

我們用同一個產業為例，成熟製程的IC設計公司被晶圓代工廠漲價後，並沒有壓縮到自己的毛利，為什麼呢？

因為下游客戶的需求更強勁，平板、筆電及TV廠終端銷售暢旺，但卻受限於面板的驅動IC供應量不足，而無法組裝成足夠數量的完成品。

原本驅動IC的報價一向是長期緩跌的趨勢，當時驅動IC只要0.5～1美元，NB或TV的完成品卻可以賣500美元以上。若你是NB或TV廠，肯定願意加價取得驅動IC，不管是用2美元或3美元，也要買到足夠的驅動IC，增加的總成本很少，但能組裝成一台完整的NB去銷售，獲利反而是增加。

因此，IC設計公司雖然對上游晶圓代工沒有議價能力，但對下游組裝廠卻有相當大的定價權。晶圓代工成本可能增加15%，售價卻能提高30%。一來一往之間，IC設計公司毛利率大增，股價不跌反漲，甚至成為2021年上半年的飆股之一。

例如驅動IC設計公司天鈺，受惠於產品報價連續調漲，從2020年第二季的谷底到2021年第一季加速調漲驅動IC的售價，使得單季EPS由0.24元、0.73元、2.65元漲到4.78元，躍升幅度十分驚人，同期的股價由最低的18.55元，一路大漲到最高的391.91元（還原權息後），大漲了20倍。對客戶的議價能力十分重要，背後代表的是產業供需結構及企業的競爭力，具有定價權優勢的公司即使是被上游供應商漲價，依然能完全轉嫁給客戶，甚至擴大毛利率。許多原物料產業在景氣復期時，也常會看到的這樣的情況，需求突然爆增，造成供不應求，進而順利進行漲價，是買進做多的好時機。

圖2-5 驅動IC設計天鈺2020年第四季EPS開始跳升帶動股價大漲

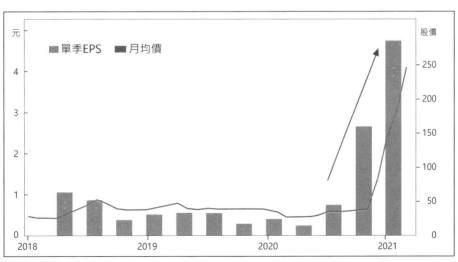

資料來源：財報狗

4. 潛在競爭者的威脅力：

2020年第一季Covid-19疫情爆發，疫情傳播速度很快，病毒具有一定的致死性，且痊癒後仍有可能留下後遺症，人人自危，為了在與人接觸時能保護自己，將口罩戴好戴滿，成為出門前的基本準則。但一夕之間，全球幾十億人口都需要口罩，當然供不應求，在一罩難求之下，口罩價格一日三市，由原來一個台幣2、3元翻了十倍價，還不一定買得到，此時生產口罩的廠商成為災難下的受惠股。以恆大公司為例，2020年1月的營收不到6千萬，疫情爆發後，口罩的銷售數量及單價同時上升，逐月上升到2020年6月高峰時，單月的營收已高達4.8億元，是原來的8倍，獲利當然也跳升。疫情之前，單季的EPS約0.1元，到了2020年第二季時，EPS已跳升到7.21元，第三季EPS更進一步增加到8.04元，成長了快80倍，股價當然也大漲，但高點在6月時就出現。你或許會問，第三季獲利繼續成長，為何股價在6月就見到高點？

原因很簡單，口罩的製程屬於成熟的產品，進入的難度不高，但疫情初期時，擴產速度比不上疫情傳播的速度，因此價格很好，許多原來不做口罩的人也紛紛加入生產，生產口罩的機械設備全被訂光，而價格翻漲了幾倍，因為一季就可以賺一個股本，甚至一個月就可以把生產設備的投資全部回收，太好賺了。

我們知道，當一個產品熱賣，進入障礙又不高時，天下武功唯快不破，大家就只能比快，看誰能先架好產線量產，越早加入生產的人賺得越快也越多，一直到後面加入生產的人已經沒賺頭或開始虧損時，這樣的投資潮才會告一段落。但問題是市場不是一台機械

一台機械的慢慢擴充，投資者通常不僅想賺得快，還要賺得多，因此投入的規模都很大，一次可能是買幾十台或上百台，到最後把大家的產能加一加，會發現生產的口罩不但很夠用，而且還一定會供過於求，因此口罩價格就會開始鬆動，緩步跌回較低的水準，存留下來的廠商只會有合理的利潤。我們看恆大到2021年的3月時，營收又跌回到1.39億元，比疫情之前好一些，但跟高峰時期的4.84億元已無法相比。

　　這就是潛在競爭者的威脅，當企業沒法建立經濟護城河的障礙時，只要產業一好轉，進入障礙低的產業很快就會有新的競爭者加入，因此就算有超額利潤，也會很快變成一種時機財。

圖2-6 因為競爭者加入，使口罩廠恆大營收快速變化

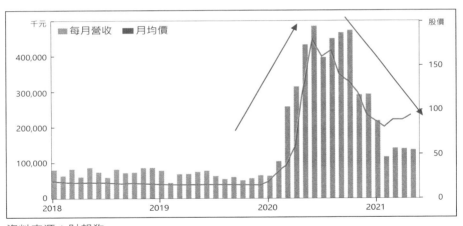

資料來源：財報狗

5. 替代品的替代能力：

美國近年崛起的女股神—Cathie Wood，她募集的主動型ETF方

舟系列基金（Ark Funds），吸引市場資金爭相投資，因為有卓越的投資績效，主要的訴求是以破壞式創新的公司為投資標的。破壞式創新就是指以全新的產品或商業模式取代原來的舊產品或舊商業模式，比如電動車取代燃油車，以區塊鏈及電子支付取代傳統銀行金融……等等。

破壞式創新一旦由小眾市場跨入大眾化應用，將可吃下原來的整個市場，會有巨大的商機，市場會願意給這樣的公司比較高的評價與市值，因為未來可能是龍頭型的明日之星。但是對被取代的企業來說，就會慘兮兮，若不及時轉型，甚至可能面臨倒閉的困境。我們在分析一家企業時，若發現產品有被新技術或新規格取代的風險時，就要特別小心。

銘異公司是一家具有優秀的模具設計、金屬製造加工、塑膠射出成型等技術的零組件公司，2020年底營收中有8成都是來自硬碟的機構件，全球三大硬碟廠WD、Seagate及Toshiba皆是銘異的客戶。在硬碟市場，銘異是一家重要的供應商。2015年銘異的EPS達4.33元，毛利率18～20%，都有中規中矩的表現。隨著電腦要求的存儲速度越來越快，整機的重量也要求越來越輕，2010年之後開始有筆記型電腦（NB）廠採用以非易失性快閃記憶體（Nand Flash）為存儲基礎的固態硬碟（SSD）。SSD的售價比較高，一開始只有部分較高階的NB會採用，但隨著記憶體製程的演進，SSD的單價快速下滑，到2016年時，128GB的SSD單價已低於相同容量的傳統硬碟。

對傳統硬碟來說，價格正式進入死亡交叉，同樣的價格，消費者當然要選又輕又快的SSD機種，殘酷的取代效應逐漸發酵。2016年之

後，銘異的營收逐年下滑，2016年營收83.6億元，到2020年營收已掉到38.9億元，5年間營收衰退了53%，2018年至2020年三年的EPS更是轉為虧損。SSD取代傳統硬碟持續進行，但在2021年加密貨幣的硬碟挖礦潮中，似有一些小反彈的轉機，只是價格及效能上的劣勢，仍難以脫離長期被SSD取代的大趨勢，尤其是一般消費者通用的NB。

企業轉型不像是買賣股票那麼快，除了領導者要及早察覺危機，還要有對未來的洞見、要找到適合自己發展的新產品、要有相關的技術、人才與設備等資源，其實過程並不容易，可能還要有先虧個幾年的準備，而且最後也不一定能成功。但所幸對股票投資人而言，沒有那麼重的負擔，只要認為產品有被取代的風險，隨時可以離開，等到公司轉型的進度有些眉目時，再回頭來看就好。

圖2-7 SSD與HHD價格走勢在2016年後進入死亡交叉

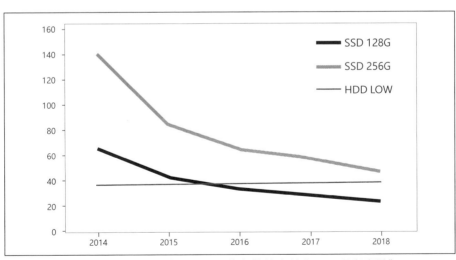

資料來源：《深入淺出SSD—固態存儲核心技術、原理與實戰》

圖2-8 生產硬碟機構件的銘異公司2016年之後營收長期下台階

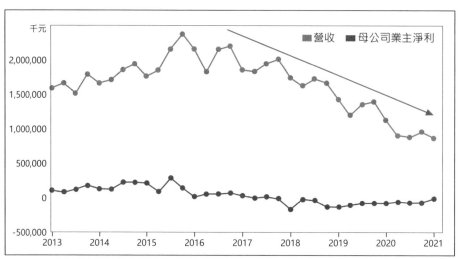

資料來源:：財報狗

　　五力分析能協助我們理解產業上、下游的勢力消長,以及一家企業的優、劣勢所在。一般若是結構性的變化,延續趨勢的時間會是比較長期;若是事件性的變化,通常在一段時間過後就會恢復原狀,若有投資要留意出場時機。

　　看懂企業的五力變化,理解企業變化的原因,可能就會看到投資的趨勢與機會。讀者在看一家企業時,可以將這張五力分析圖放在心中,基本上巨大變化的延續期間越長的公司,越具有投資價值。

■ 從創新的角度

　　一個世紀前,經濟學家熊彼得曾提出一個理論:「經濟成長來自創新」,這個重要的想法到現在仍十分適用。創新是資源的重新

組合，可以由企業內生而成，也可以結合外在的資源。現代經濟形態略有不同，若依照形態可概分為：產品創新、技術創新、市場創新、組織創新及商業模式創新。

當產業景氣循環到達谷底時，企業能否生存下去是主要的課題，有些企業在不堪虧損下，不得不退出市場，或者必須要尋求「創新」轉型以求生存。產業中體質較弱的競爭者可能被篩除，使供需結構好轉，或是有一些成功的「創新」產生，便會使景氣提升、生產效率提高。但是當某一產業又重新回到有利可圖的時候，它又會吸引新的競爭者投入，然後又是一次利潤遞減的過程，回到之前的狀態，這是由創新的角度看景氣循環的成因。我們用簡單的例子來看上述6種常見的創新模式。

1. 產品創新：

這是最常見的創新之一，奇鋐科技原為PC散熱模組、導熱管等零件製造商，擁有金屬加工技術，在此基礎上，切入伺服器散熱器及資料中心機架，經過幾年的布局，逐漸取得客戶的信賴，單月營收由新台幣25億左右，2年後成長到40億以上，創新的產品為公司帶來成長，也反應在股價上。新產品從無到有，從小到大，需要時間來發展，也需要燒錢，有時在中途就失敗，或者被競爭者取代，但由內部自行發展比較可以掌握，財務體質健全的公司會比較有能力支持新產品的發展。

圖2-9 奇鋐科技月營收成長變化

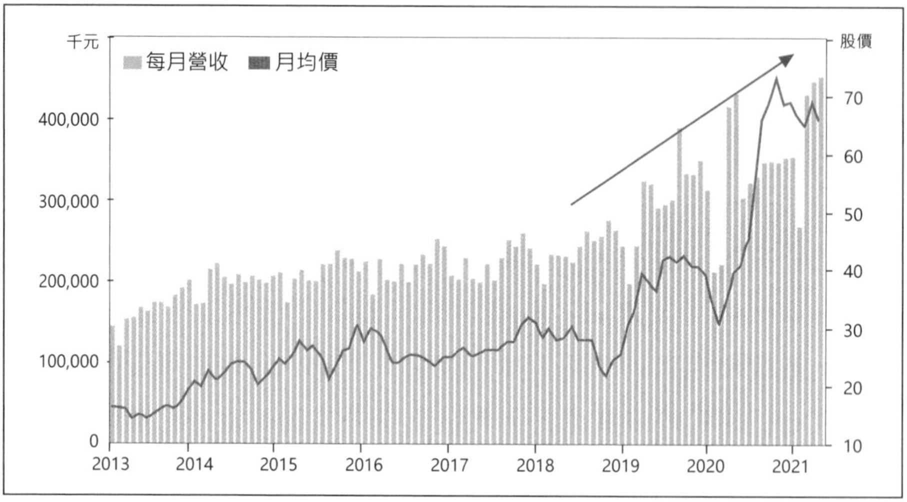

資料來源：財報狗

2. 技術創新：

IC設計公司鈺太專注在音訊IC開發上，主要是應用在PC相關的產品。公司持續投入研發資源，開發出數位麥克風（D-MIC）的微機電系統（MEMS），與傳統的類比式麥克風（A-MIC）相比，不但體積更小，在電量損耗及耐熱性上也都較佳，與國際大廠的產品相比，鈺太的D-MIC具有優異的性價比，且毛利率也優於公司原來的產品線。

在逐漸打開市場後，明顯提升公司的毛利率及營益率，2018年底毛利率27.13%，到了2021年第一季時已上升到38.17%，大於10%的毛利率提升，對任何一家公司來說，都是顯著的進展，股價也因此大幅上漲4倍（2019年中公司才上市，以上市後的低點計算）。技術

創新很不容易，可是一旦成功，就可以享受較大且較長的獨佔或寡佔利潤。台灣的護國神山台積電在全球晶圓代工的市佔率過半，大幅領先對手，基礎來自持續投入研發，取得技術創新，自然產生護城河。2021年開始提高國際化布局的過程中，生產成本雖然上升，毛利率一度受到壓力，但因技術領先相對具有訂價權，2021年第四季以調漲晶圓代工價格8～20%，保護了公司的毛利率。

圖2-10 鈺太科技毛利率及營益率同步往上走揚

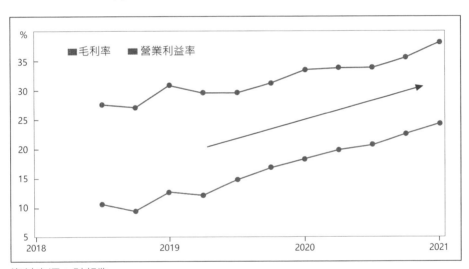

資料來源：財報狗

3. 市場創新：

產品找到新的市場或是舊產品發現新的應用市場，都算是市場創新。鈊象電子原本主要客戶是全球各賭場或遊樂場，為客戶製造大型遊戲機及博弈機為主要業務，公司本身還有一些在電腦上玩的麻將或紙牌等博弈遊戲的軟體，在智慧型手機普及後，玩手遊逐漸

成為年輕人的習慣，鈊象將過去在電腦主機上玩的博弈軟體加以調整，變成手機APP。

因為博弈遊戲在玩時，每局不用花太長時間，不像RPG遊戲不玩幾個小時無法告一個段落，非常適合利用瑣碎時間上線玩，沒想到因此熱賣，公司營收開始爬升。鈊象繼續將APP推廣到海外市場，更令人吃驚的是，手遊博弈APP在新市場受到海外華人的熱愛。加上2020年Covid-19疫情，遠距居家的推波助瀾，公司營收進一步上揚，獲利也扶搖直上。2019年1月時鈊象單月營收為2.99億，到了2021年5月已高達5.93億元，且上升的過程是十分穩定的成長，代表新客源十分穩定。2019年第一季的EPS為4.54元，2021年第一季的EPS已跳升到16.73元，短短二年間獲利成長了268%，股價當然也是表現亮麗。

企業若能成功開拓新市場，藉此擴大營收，常會具有規模經濟的效果，最終會反應在獲利的提升上。不過，當新市場的規模已成長到高原期，未來成長空間受限，股價會適時反應，市場給予的評價（本益比）下滑，漲勢就可能告一段落。

4. 組織創新：

組織重組或是分拆子公司，在現代資本市場是常見的財務操作，優點是可以清楚劃分業務，讓營運亮點得以顯現，提供內部創業機會，並提升整體的市值。新普原為筆記型電腦（NB）、平板及手機電池模組全球最大廠，公司預見此類消費性電子產品成長性趨緩，幾年前就著手布局非個人電腦（PC）類的產品，像是雙輪電動

圖2-11 電玩公司鈊象月營收像坐飛機一樣上沖

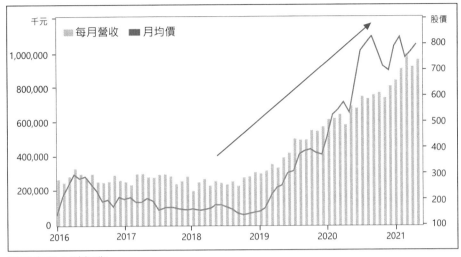

資料來源：財報狗

圖2-12 新普及AES-KY週K線走勢

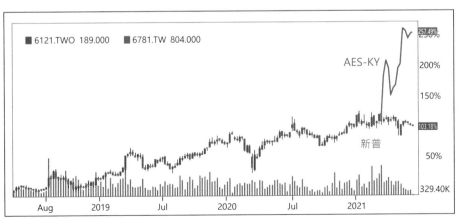

資料來源：Yahoo! Finance

車電池模組、資料中心備援電池模組、工業用電池模組、手工具電池模組等，後來因非PC類的營收逐漸上升，遂透過組織調整，將非PC業務切割，並將業務放在新成立的子公司AES-KY，2021年讓子公司上市。AES-KY在經營上也十分爭氣，本身營收高速成長，獲利也跳升，股價上市後頻創新高，為母公司及一般投資人創造了更大的價值。組織創新後，AES-KY擁有更獨立靈活的策略空間，成為公司高成長的基石。

5. 商業模式創新：

有些創新不一定是有實體的產品或是非傳統可見的形態，藉由創新的商業模式也能創造業績。寶雅1985年成立時原為進口百貨精品店，轉型為美妝店時，中、南部有許多更強的同業對手如美華泰等，全省也有屈臣氏及康是美等大型連鎖，競爭其實很激烈，但經過了數次的商業模式升級，到了2010年之後，寶雅已逐漸成為台灣庶民美妝的代名詞。為什麼寶雅能如此成功？因為公司有很精準的眼光，很早就瞄準家庭消費的主力─女性，從店的地點、招牌顏色、商品架的擺放布局、高度與間隔、商品品項的豐富化、明亮的光線.....等等，皆是以討好女性消費者為原則，這是一種創新的商業模式，也讓寶雅成功取得龍頭的地位。近年它更將目標市場擴展到男性為主的五金工具店。

在虛擬通路，其實也有公司採用類似的商業模式，那就是富邦媒MOMO。原本台灣電商的龍頭是PCHOME，但銷售主力是3C產品，後來才逐漸加強各式生活用品，MOMO則是鎖定女性客群，以

圖2-13 寶雅、富邦媒及PCHOME的毛利成長差異

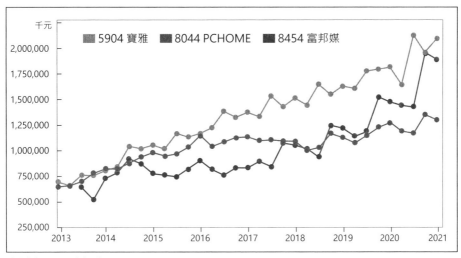

資料來源：財報狗

圖2-14 寶雅、富邦媒及PCHOME近年股價淨值比（PB）的變化

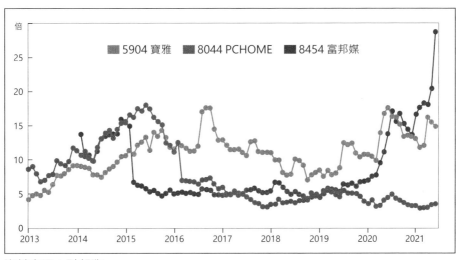

資料來源：財報狗

各式折價券促銷，吸引客人點閱，線上商品的畫面也是以女性喜歡的色調及編排為原則，鎖定女性消費者的目光焦點商品，積極的擴張品項，並配合快速到貨，很快就開始出現規模經濟，並在獲利上大幅超越PCHOME，股價也在幾年內大漲10倍。

我們由三家公司毛利數字的趨勢可以看出差異，寶雅及富邦媒毛利因規模快速擴大而呈現加速上升，反觀PCHOME，就顯得平緩許多。這樣的成長動能自然也反應在市場給予的評價上，市場願意給前二家與PCHOME的股價淨值比（PB）差異越來越大，PCHOME的PB一直無提升，投資的股東只能望著富邦媒興嘆。

近年來各式舊商業行為跟互聯網串接後，也成為創新的商業模式，比如網路叫車平台（Uber）、網路外送平台（Food Panda）、網路空房短租平台（如Airbnb）、網路AI借貸平台（Upstart公司）等，一旦投資人發現商業模式未來有巨大的成長空間，即使公司還在虧損，也願意給予很高的評價（估值），這是因為商業模式具有巨大改變的條件。

■ 從成長的角度

讓企業成長是企業經營者的天職，沒有成長的企業隨時有被競爭者取代的風險，沒有成長性的股票就不值得投資。企業有成長很正常，但要有巨大成長並不容易，一種是靠企業內部自己努力得到的成果，另一種是藉由外部併購來達成。前者要投入很多資源去發展，展現的是公司各方面的硬實力，後者則是靠公司的銀彈去完成，因此，前者往往更能讓投資人欣賞。

內部的巨大成長主要有幾種方式：

1. 獲得大型客戶訂單

比如富田電機公司以優異的技術獲得Tesla的馬達大訂單，成為獨家供應商，跟著Tesla的銷量一起成長。若公司有上市，必定可以享有高本益比。

2. 成功開發新產品並開始進入大量銷售

比如濾能公司開發出台積電先進製程中所需求的高品質空氣濾網，並成為國產化的供應商。有了穩健的靠山，未來業績就不用太擔心，營收及毛利率可保平穩。只是水能載舟，亦能覆舟，只靠一家大客戶，長期來看是有業務風險的，台灣的蘋概股現在就是如此，面臨紅色供應鏈的取代或分食，市場對未來有疑慮，就不會給太高的評價，大客戶的訂單從無到有的階段，應是對股價最有激勵效果的時期。

3. 研發出性能優越且具有取代性的新技術或材料

比如嘉晶公司領先同業，成功量產第三代化合物半導體SiC及GaN磊晶產品，長期有成長的想像空間，市場就願意在公司尚未獲利前，給予很高的評價。

4. 成功擴大目標市場

新的市場有可能來自不同客戶群、不同地理區域，或同一客

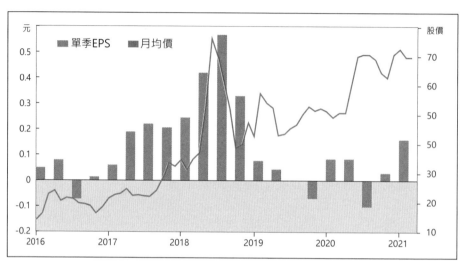

圖2-15 嘉晶公司近8季的EPS皆在損平附近,但市場給的PB卻逐漸提高

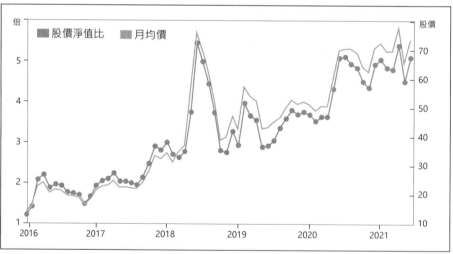

資料來源:財報狗

戶群,但不同的產品線等。比如伺服器製造廠緯穎,原本主要代工客戶為FB及微軟二家網路服務平台,但成功打入新的大型客戶

Amazon後，就有機會進入另一個成長期。原來規模越小的公司，越容易看到新市場帶來的邊際貢獻，不僅營收成長相對明顯，股價反應通常也會很大。

一家公司有成長為理所當然的事，但成長的動能及未來想像空間要夠巨大，才可以吸引市場投資人的目光，並願意投入資金，最後反應在股價上。若以數字來看，月營收成長率超過2成為巨大變化的基本消費，以經驗來說，大型公司可以略低於此數，但小型公司則需要超過此數，實際上很多公司的成長率可能更高。產品還沒到達量產階段，還沒看到營收的成長，但新產品幾乎很篤定會進入量產的公司，也可以容忍短期較低的營收成長率。

外部的巨大成長主要來自併購或策略聯盟，致伸公司原為電腦周邊製造廠，如視訊鏡頭、滑鼠、鍵盤等，2014年購併國際聲學大廠Tymphany，正式跨入聲學技術領域，2017年再透過該公司購併B&O捷克子公司，作為歐洲高階聲學技術製造中心。我們可以看到營收在2015年出現一波高潮，合併營收創下新高。2017年的購併完成後，營收則保持在高檔，但到2019年時再度攀升，創下歷史新高。2020年聲學產品受到疫情影響，一直到2021年上半年都沒有明顯回升。

致伸股價在2017年購併B&O時曾大漲一波，市場對公司擴大聲學領域的布局寄予厚望，股價一度上漲到80元附近，但2019年營收再創新高時，股價已不再創新高，主要是沒有新的外部成長動能，光靠公司自己內部成長的持續性有限。聲學產品競爭激烈，且淡旺季十分明顯，反而讓投資人不易掌握公司的財務狀況，因此，股價並沒有因為外部的巨大成長而持續上漲，只有在合併的初期有增量效

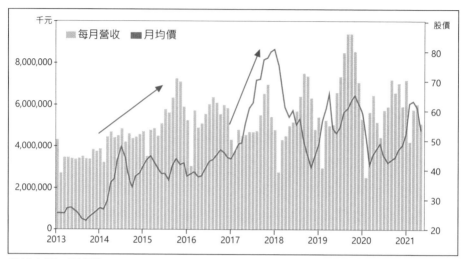

圖2-16 致伸購併B&O時，曾帶動股價上漲，之後就趨緩

資料來源：財報狗

應。一般來說，被入股合併的小公司會比較受惠，因為可能會有來
自購併公司的訂單挹注，而對購併別人的公司而言，如何發揮1＋1
＞2綜效，有賴良好的管理能力，因此，發酵期需要的時間較長。

　　同樣的情形也發生在樺漢科技公司，原隸屬於鴻海集團，為中
型規模工業電腦廠，經過一連串的購併與入股，目前成為全球最大
的工業電腦集團，旗下有遍布全球的12家子公司。我們由月營收及
股價走勢可以看到，2014到2018年公司營收呈現二階段的線性上
升，2019年後開始進入高原期，但外部成長的效應，股價會提早反
應，在2016年就見到高點，比營收高點提早2～3年。在高檔盤頭2年
後，我們看到營收仍在高原期，但股價已開始反應成長空間有限。
一家公司由成長股變成平穩股，股票的評價就會被大幅下修，即使
獲利沒有衰退，股價一樣會因為本益比（PE）被下修而下跌。

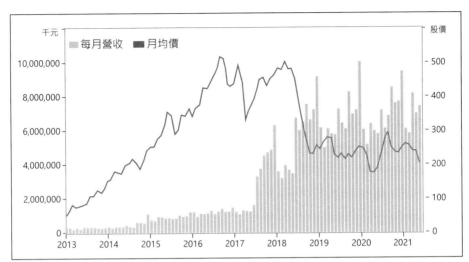

圖2-17 樺漢科技公司月營收及股價走勢

資料來源：財報狗

■ 從平台經濟的角度

最成功的商業模式往往是建立平台化經濟。

什麼是平台化？就是建立一個人人可以上來進行活動的平台，提供包括產品及服務的交易或各式的分享。好處是在這個平台上，廠商可以不斷疊加產品上去，不用增加太多新的成本；也可以利用平台上的眾多消費者進行協銷廣告，對消費者來說，則可在平台上尋找到適合的產品或服務，一次購足；對提供平台的企業而言，則是坐收平台流量穩定及廣告收益之利。

舉例來說，臉書（FB）提供了一個免費的社交平台，當每個人每天都離不開這個APP時，FB就可以賣廣告投放給想要找客戶的廠

商，FB就靠著平台廣告收入獲得穩定且大量的利潤，FB的使用者也會收到跟自己興趣有關的各式廣告，算是一種提示式的行銷。統一7-11提供了商品上架的平台，讓不同廠商可以透過全省的7-11分店來銷售產品，快速擴大營收，7-11則賺取了上架費及銷售毛利。賭場提供了一個平台，讓賭客進入一個可以愉快輸錢的空間，賭場則穩定賺取0.5～5%的經手費，也是一樣的平台化經濟。

德麥公司是一家烘焙材料供應商，進口上千種烘焙材料，為台灣最大的烘焙材料通路平台。若只是一個進口貿易商，公司隨時可能會被對手取代，因此公司建立研發部，藉由開發新烘焙品、開發或引進新的流行熱賣款，並提供麵包店師傅研習新品的教育訓練，以主動創造的熱銷產品帶動搭配的材料，增加材料銷售，並培養客戶的忠誠度。公司建立了全台近9成烘焙店的滲透率後，一旦有新的國外材料產品想進來，第一選擇就是德麥。甚至許多在台灣已有分公司的國際烘焙材料商，也逐漸改由委託德麥為代理商，以爭取平台上更多的客戶。

德麥在台灣建立成功的平台模式，在中國地區則是跟荷商各合資一半成立無錫芝蘭雅公司，經過幾年的扎根與調整，也有機會成功複製平台模式。中國烘焙市場是台灣數十倍大，無錫芝蘭雅以自己的分點深耕特定密集地區，另外在其他較分散的地區則與經銷商合作銷售，相信幾年後，中國轉投資公司的規模將開始超越台灣母公司，甚至不排除在中國上市的可能。

平台一旦建立後，就不容易被取代，且因成本接近固定，每多加一個產品，都是多做的生意，只要平台能穩定維持，長期的業績

圖2-18 德麥公司平台模式保持穩定毛利率，並因規模擴大而讓營益率長期緩升

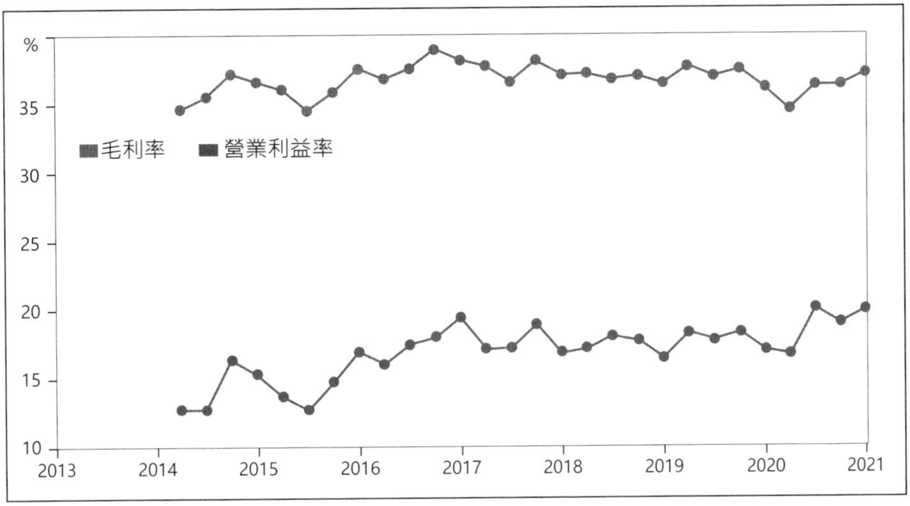

資料來源：財報狗

就會持續疊加上去。記得我們前面提到的五力分析嗎？當客戶規模不如你時，定價權就容易掌握在你的手中，烘焙業有半數是沒有議價能力的小店，維持平台上毛利率的穩定就變得容易。

因此，若一家企業能建立平台經濟的商業模式時，也可視為巨大的改變，可以享有較高的評價。

■ 從政策的角度

華爾街有一句名言：「不要跟聯準會作對！（You can't fight the FED!）」什麼意思呢？政府是金融市場遊戲規則的制定者，聯邦準備理事會（FED）有用不完的金融工具與資源，只要FED有想達成的目標，就一定要順著主管機關的政策走，不要跟它反向操作，才不會逆天道而行，自找麻煩。

政府推行積極的財經政策常見的目標是：刺激經濟、扶助戰略性產業、提高環保循環經濟比重、制定特許行業的最佳遊戲規則、增進國際貿易互利或外交制裁等考量，因此，若政府推出一個重大政策，會對相關產業有一連串的深遠影響。

1991年台灣開放新銀行的設立，許多非金融企業興趣濃厚，銀行數量一下子突然暴增，在供給過剩下，從此銀行業的利差空間逐漸縮減，老金融股的股價不回頭的長期走低。若當時投資金融股，三十年下來，恐怕是賺股息賠價差。

2018年美國政府針對中國鋼鐵傾銷問題，對越南加工的中國冷軋鋼課徵199.76%的反傾銷稅、256.44%的反補貼稅，不鏽鋼則徵收199.43%的反傾銷稅、39.05%的反補貼稅。美國境內少了中國及越南產品的競爭。

對台股最大的影響是，在美國擁有最大不鏽鋼通路的大成鋼，坐收產品漲價，銷售量及價差皆增加之利，2017年的EPS為1.25元，2018年則爆衝到5.83元，成為政策下的最大贏家。

國際間採用綠能趨勢成形，2021年起台灣政策限定契約容量5,000 kW以上的企業，需將10%用電轉為再生能源用，相對地，政府以優惠價格採購太陽能發電的電力，並大舉推動離岸風電，計畫在2025年達到3GW的發電量，吸引了國際離岸風電業者與國內業者合資成立風電公司。離岸風電建設從無到有，未來營運後也會用約定優惠價格收購，因此創造了產業商機。

世紀鋼以鋼構本業為基礎，投入離岸風電的水下工程，2020年開始受惠於台商資金回流台灣擴廠的鋼構需求，以及離岸風電工程開展，營收從2019年上半年每個月1.6億元，到2020年單月營收衝高到7億，是離岸風電政策下的受惠者之一。其實政府從2017年便已核定離岸風電計畫，因此，世紀鋼的股價在2017年底就已經開始起漲，到2020年月營收上7億元時，股價已漲近15倍，這是政策面為一家公司帶來的巨大改變。我們不用買在最低點，即使是中途介入，也能獲得不錯的回報。

圖2-19 世紀鋼受惠離岸風電政策的營收狀況

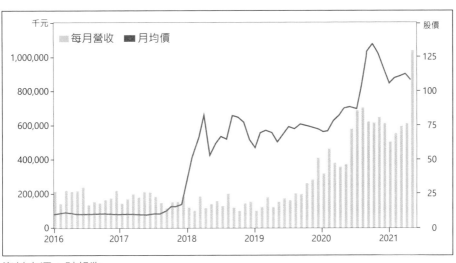

資料來源：財報狗

■ 從景氣循環的角度

在證交所的29個產業分類裡，11字頭的水泥、13字頭的塑膠、14字頭的紡織、18字頭的玻陶、19字頭的造紙、20字頭的鋼鐵、21

字頭的橡膠、26字頭的航運等8個行業屬於景氣循環股;電子業的8個次產業中,包括:記憶體、面板、LED、被動元件、Mosfet、太陽能、銅箔等族群雖然歸類在電子股中,但在性質上也屬於景氣循環股。

景氣循環股也可以稱為原物料股,產品具有標準化的特性,任一家公司提供的商品或服務,基本上跟市場上的商品或服務沒太多差別。既然產品沒差異化,價格也就均一化。影響價格走勢的是產品的供給與需求,當供不應求時,價格就上漲;當供過於求時,價格就下跌。影響供需結構的因素很多,每種原物料都不一樣。

要怎麼看待原物料行情呢?簡單來說,原物料公司的營收＝銷量×單價,利潤＝銷量×(單價－單位成本)。當銷量越大或價差越大時,公司的獲利就會越大;反之,若銷量越小或價差越小時,公司的獲利就越少,甚至可能是大幅虧損。

原物料價格波動是常態,因此,公司的損益波動會比一般產業大很多,景氣好時賺得多,景氣差時也可能會賠不少,很難用正常的本益比來估計公司的價值,因為每股盈餘(EPS)波動大,且難以預測未來幾年的數字,用本益比來評價一定很離譜。市場上一般喜歡用股價淨值比(PB)的歷史高低區間來看,當來到區間低檔時可以進場,來到區間高檔時要出場;但實務上,當景氣超過以前最好或最差的狀況時,使用PB來評價也會失準,或者當產業結構已改變時,過去的PB區間也失去意義。

原物料行業通常會有長鞭效應,指供應鏈下游對上游的訂單備

貨影響性，會由下而上逐層放大，像是拿著長鞭的鞭頭，輕輕一甩，末端的鞭尾便可能出現巨大的位移。舉例來說，如果下游的NB零售商賣得好，轉頭向中游PCB叫一批100份的貨來組裝NB，PCB業者怕臨時零件不足，又向其上游IC設計叫了120份的IC備用，IC設計公司怕PCB客戶要叫更多的貨，於是向晶圓代工訂150份的IC，在中間的供貨過程，各層級的供應商會儲備更多的庫存，也會合理的加價，從源頭到終端，被加價了很多次，也多備了很多超額庫存。這會造成越上游的公司，在備貨週期會受惠越大，因此在經濟復甦期要優先買進產業上游的原物料股票。

那原物料股到底要怎麼觀察呢？以下三點可供參考：

1. 產品報價是否上漲？

若原物料報價上漲，原物料公司的營收及獲利就有上升的可能；若原物料公司的產品報價沒有上漲，就只能靠銷量增加來增加營收。若終端需求量沒有提升，銷量也很難大幅增加，因此若產品報價沒漲，且不是持續性的上漲，股價就不易有波段行情。投資某個原物料公司時，第一件事一定要先去網上查詢公司產品的市場報價，不少原物料都在國際間有商品期貨的交易，可以在網路上查詢，追蹤原物料報價變得透明且簡便許多。

2. 是否為結構性的上漲？

上漲還可以分成單一事件型的上漲，或是產業結構改善的上漲，前者如某一塑膠大廠工廠爆炸，造成短期的產量減少，進而造

成塑化原料價格反彈，這種情況下通常怎麼上去怎麼下來，等到工廠恢復，產量又會回到正常，因此不會是持續性的上漲；後者如某個產業長期低迷，造成許多成本較高或是財務不健全的業者不堪虧損，陸續退出市場，產業的供給量會逐漸收斂。但隨著經濟成長，需求量成長到超過供給量時，就會產生供不應求，造成原物料報價上漲，若是屬於這種供需結構失衡的上漲，通常至少會有數個月到二、三年的向上週期，就是比較值得投資的景氣向上循環。供需調整的速度視產業進入障礙及生產設備建置的速度而定，越有進入障礙，越難增加生產設備的產業，產業景氣向上的期間越長，因此看報價上漲時，也要去了解上漲的原因。

3. 價差或毛利是否擴大？

產品報價上漲是好事，不過還是有可能發生廠商獲利沒有跟著產品漲價而增加的情況，因此價差及毛利率跟著原物料報價上漲而放大的，才是真正受惠的原物料公司。假設太陽能模組廠跟太陽能電廠漲價10%，在銷量不變的情況下，價格上升10%，有助於營收增加10%，照理獲利也會跟著提升，但我們要回頭看一下成本。若模組廠的上游材料多晶矽是上漲20%，而多晶矽佔模組廠成本假設為50%，太陽能模組廠雖然跟下游客戶漲價，可是材料成本卻漲更多，一來一回之間，只是轉嫁成本，太陽能模組廠並沒有從中得利，價差或毛利沒有擴大，這樣股價當然就不會漲了。相對地，若上游漲價的幅度低於公司跟下游漲價的幅度，那價差就能擴大，也就會對公司獲利產生巨大的改變。

2020年至2021年的貨櫃航運業出現史上最繁榮的盛況，貨櫃三雄：長榮、陽明及萬海2020年第一季的單季EPS大約落在損益兩平到小虧的水準，但隨著貨櫃運費不斷上漲，一年後，2021年第一季的單季EPS都跳升到7元附近，以當季淨值來計算的PB已超過歷史值，甚至超過1倍。就算以年底預估淨值來推算，PB也是創下歷史新高，因此不但本益比評價法沒有用，PB評價法也失準，因為每一次景氣的結構都不同，用固定的PB區間來推估股價，自然也會失真。

貨櫃航運屬於原物料性質，景氣循環明顯，這一波的景氣完全符合上述的三個條件：**產品報價上漲＋產業結構性改善的上漲＋價差及毛利擴大**

本波貨櫃航運景氣如此強勁，歸因於幾個因素：Covid-19造成貨櫃運輸的流程全部被遞延，運送能量與正常運轉時相比，呈現大幅下滑，貨櫃積壓在港口及等待裝卸的貨櫃輪上，一個卡一個；疫情下的政府補貼增加，刺激終端消費暢旺，並沒有因為失業人口增加或居家遠距上班而減少；貨櫃航運產業長年景氣低迷，造成新增供給逐漸收斂，新訂的船至少要二、三年才能交船，緩不濟急。因此貨櫃航運屬於結構性改善的上漲，至少要在解封後，運輸流程逐漸回到正常轉速時，供需結構才會緩解，屬於產業的超級大行情。

只是原物料屬於景氣循環股，不會有永遠的低潮，也不可能一直保持在高潮，遠一點說，國際貨櫃航商的新訂船在2023年後大量交船，若沒意外，貨櫃航運的景氣在那之前，可能就會回落，進入衰退期。

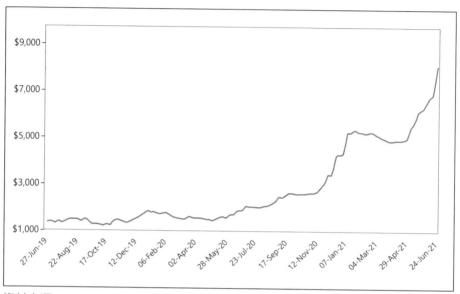

圖2-20 2019年6月至2021年6月全球貨櫃航運運費走勢

資料來源：Drewry Maritime Research　　　　註：計價單位為40呎貨櫃

　　船長在2021年7月初在經濟日報的專欄文章中，提到貨櫃航運的榮景即將到頂，要小心股價修正，後來在二個月內，股價出現腰斬，市場反應快速而激烈，符合原物料的特性，清楚的告知讀者要小心股價提早見頂。（文章連結：https://money.udn.com/money/story/121853/5582277）

　　這個章節花比較長的篇幅，主要是希望讀者能更清楚理解，股價要有波段行情，需要有巨大的改變，或者讓市場預期會有巨大的改變，也就是俗稱的題材，英文叫Story，能說出一個投資人聽得懂的故事，一個吸引人的故事。一個公司有巨大改變的現在及未來，投資人才會有信心，源源不絕的把錢投入其中，股價也才會大漲。

圖2-21 貨櫃三雄（長榮、陽明及萬海）2020～2021年單季EPS跳升，創下史上最高

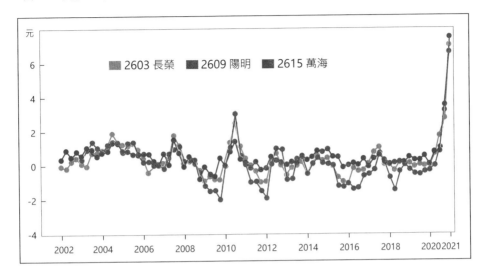

圖2-22 貨櫃三雄（長榮、陽明及萬海）股價淨值比創歷史新高，
若以年底預估淨值來調整，亦是歷史新高

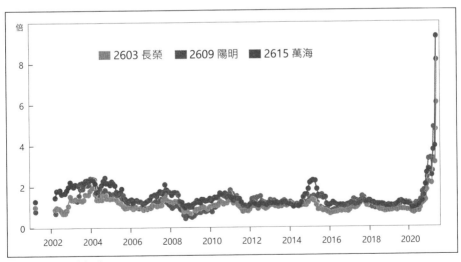

資料來源：財報狗

題材越簡單有力，往往能讓越多人認同；公司越拿得出營運成長的數字，說服力也會越強。

對一般投資人而言，理解產業及企業巨大變化的成因，遠比估出準確的EPS重要。趨勢為師，只要趨勢仍在走，EPS也會一直被調升，因此估值變得相對沒那麼重要。比如某公司今年估計的本益比30倍，但若明年獲利能成長50%，那本益比又會調整到只有20倍，若能長期持續成長，本益比就更低了，因此目前本益比就無足輕重，股價的趨勢會更重要。

我們投資的股票可能是各行各業，產業特性各有不同，需要累積一些經驗才能做出比較正確的判讀，但了解產業或企業巨大變化的原因並不需要太多金融或會計背景，人人都可以做到。藉由理解企業是否會出現巨大變化（Big Changes），以及巨大變化出現的原因及延續性，可以當成我們選股的重要指引。

▌ Buddies（族群同步）

一個拿到冠軍戒指的NBA球隊，絕對不可能只靠一個明星球員在撐場面，1～5號位都需要（籃球員依高矮排序的功能編號，1號是最矮的控球後衛，5號則是最高的中鋒，其他還有3個不同功能的後衛及前鋒）。球隊除了個人球技要優秀外，一定要有過人的團隊戰術，才可能過關斬將贏得最後的勝利。股市也是一樣，一家公司再怎麼好，若無法帶動一些同隊的隊員一起往前跑，形成族群性，就很難持續性的吸引人氣，形成一股趨勢向上的力量。

■ 商店街吸引人潮的概念

很多人去日本旅遊一定會到當地的商店街走走，像是到東京的阿美橫丁找便宜、大阪的道頓堀找熱鬧，或是京都的錦市場找傳統日式美食，因為那裡有吸引人的日本當地特色產品，能讓人還沒去之前就心生嚮往，去了後忍不住打卡分享，回來後又推薦親友，因為商店聚集，品質齊一，只要能形成有特色的聚落，就能持續吸引人潮進來。

股票也是一樣，景氣趨勢向上的同性質公司，若能集結成族群就會形成力量。假設一檔股票吸引5萬人關注，一個族群若有5檔個股，就能吸引25萬個關注數，有關注數就有流量，有流量才有錢進來，有錢進來股價就會漲，這25萬個關注數再各自擴散正向的看法給周遭的人，又吸引一批新的資金進場，形成一種正向循環，一波段接一波段的上漲，最後加上新聞媒體及社交平台的推波助瀾，族群就像是商店街一樣吸引人潮，可以順利反應基本面向上的趨勢。

■ 族群是檢驗產業景氣的最好方法

想像一位參加大學學測的學生，考完後出來接受訪問：「請問你覺得今年考試難度怎麼樣？」若他答：「很簡單！」那我們是否會認為今年學測考得太簡單？應該不會喔！為什麼？因為搞不好是訪問到學霸，對他來說，什麼考試都簡單，船長就有同事考過高考（但沒去公家機關上班），又考過CFA（國際財務分析師，是不容易考的資格考），工作幾年又去唸法律研究所，結果又考了個律師

回來。若訪問到這種，什麼考試都是容易的。但若是連續訪問5名學生都說考題很簡單，那麼，今年考題出得很簡單的假設就很可能是真的，對吧？

若有一家A公司說今年他們業績展望樂觀，那有可能是公司個別因素，也可能是產業整體變好。若只是A公司自己獨好，我們就要特別去追蹤A公司的狀況，才能掌握業績是否如預期般的展開。對一般人來說，根本沒有時間與資源，像個研究員一樣去定期聯絡與追蹤，因此，只能以公司公告或對外的說法來當成依據，有句話說：「老王賣瓜，自賣自誇」，雖然老王不一定會騙人，但外界環境隨時在變，也許會有沒有預期到的事發生，最後瓜或許沒有想像中甜，或是已經爛掉一半。像這樣在產業中獨好的公司（或可稱為孤狼式的公司，狼一定要成群才會有威力），需要花很多精神去追蹤，但得到效果未必如預期，就成本效益上來說，除非A公司是很重要的公司，否則我們其實是可以放掉的。

那我們要把焦點放在哪？以剛才學測的例子來說，就是看那5名同學是否都說出一樣的話。如果某一個族群裡的幾家公司都說景氣向上，那可信度一定高很多，幾家公司同時說謊的機率很低。同一個族群景氣往上時，就算各公司有時間上的落差，但也會往同個方向走。我們看了A公司及B公司，就可以推論C公司的展望也可能八九不離十，若可以在不同公司中得到雙重確認，對族群的把握度提高，股票抱起來就安心得多。狼群一團結起來，可是什麼猛獸都不怕。唯一的變數是系統性風險，當外在環境發生了各公司原來都沒預期到的壞事時，一樣會有風險。

圖2-23 同族群的中鋼／中鴻／燁輝月營收成長率幾乎同步

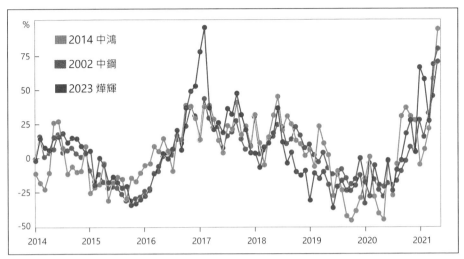

資料來源：財報狗

　　用族群的同步性來檢視產業景氣，是一般投資人最簡單而有效的方法，也是我們選股時的第一選擇，因為很可能就是主流股。

■ 族群中要優先選二種股票：龍頭股與領漲股

　　NBA金州勇士隊比賽時，觀眾會特別喜歡看誰？第一個應該是看Stephen Curry，因為他是球隊主將明星，擁有超凡的身手，不論是帶球過人上籃得分、漂亮的助攻，或出其不意的超遠距離Logo Shot，他的表現常會帶動球隊的士氣。另外，觀眾還會特別為誰而歡呼呢？好像不一定，對吧？看今天誰能靠美技進最多球，那人便是值得歡呼的英雄！

　　同一個族群裡要選股，有時簡單有時難，若是小族群，個股數

若只有2、3檔,那就都買,沒太大問題,而且不用費精神去猜二檔之中哪一檔好,選對族群已經很不容易,還要去猜裡面誰最棒,是把心力花錯地方了。如果只有2至3檔,都買就好了,不用浪費時間做選擇;但有些族群裡的個股,多達二、三十檔以上,我們不太可能每一檔都買,此時就要買Curry跟表現特別突出的英雄,也就是買龍頭股跟領漲股!

龍頭股足以代表整個族群,產業景氣好,龍頭企業不會差。甚至比較有競爭力的龍頭,受惠景氣的程度更甚於其他中小型公司;但也不諱言,有時龍頭股的股本太大時,股價的波動幅度也會比較小,為了平衡績效,我們可以同時買進族群中最活潑的領漲股。之所以能成為領漲股,股價漲得比別人快,跳得比別人高,一定有其過人之處,讓一些主力資金特別青睞,這樣的股票可能會是最受惠於產業景氣動能的公司,因此最好也不要錯過。

以鋼鐵股2021年前半年多頭走勢來看,龍頭股漲幅約5成,其實已經相當突出,但同族群的領漲股為中鴻,累積漲幅高達260%,且在漲勢初期便能觀察到相對強勢,因此若在4月時就同時布局領漲股中鴻,即使不在起漲點,也會有驚人的報酬率,遠大於龍頭股中鋼的漲幅。若二檔同時都持有,平均起來的績效也會相當優異。相對地,其他個股如燁輝的表現,就介於二者之間,且漲幅較偏向龍頭股中鋼的漲幅。在這段時間裡就可以暫時忽略,除非有個別上漲的理由出現,比如其主力產品鍍鋅鋼捲開始出現強勁的報價上漲。

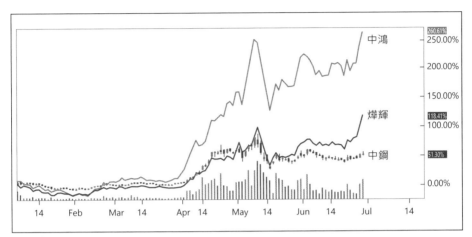

圖2-24 鋼鐵族群不同個股（中鋼／中鴻／燁輝）2021年前半年報酬率走勢

資料來源：Yahoo Finance!

　　關於主流股的條件，前面二個B談到基本面要有大的改變，且要有族群性，接下來的二個B會由股價的技術面走勢來判斷，對一般人來說，有可見的圖像，會更容易理解。

Base（築底完成）

　　萬丈高樓平地起，一山還有一山高，這二句話不是同一個出處，但正好可以說明主流股的股價會有二種地基（Base）來支持股價上漲。

底部：萬丈高樓平地起

　　一個沒有打地基的大樓是蓋不高且站不穩的，反過來說，地基打得越深，大樓就可以蓋得越高。一個產業若壞得夠久，平淡得越久，廠商新增的投資或擴廠動作就會越保守。若是擴廠的成本也很

高，那更不會有人敢輕易投錢擴產，因為一旦投下去，何時能回收都沒有把握，這樣的產業長期沒有太多新增產能，股票也沒有人關注，買賣股票的人逐漸變少，成交量萎縮，但股價也不會大跌，因為雖然沒有人想買，但是想賣的人也賣完了，剩下的只是長期投資的人，呈現一種沉澱的狀態。

只要不是夕陽產品，需求面仍會隨著經濟成長、人口增加、技術變革或產品創新等因素而持續上升，供需狀況在某一個時間點會打破均衡，也就是前節提到的巨大改變出現。產業景氣一旦預期將進入復甦期，族群的股價就會開始上漲，且通常一漲就是一大段，因為此時想賣的人都賣完，只要有一些想買的資金進來，股價便會開始輕盈的上漲，因為下方有底部保護，是賣方不會再賣的價位，因此變成支撐區。萬丈高樓打完地基後，就是節節高昇，產業景氣與股價循環的關係就是這樣，讀者看股價時，可以試著去理解產業過去的情況，壞得越久的產業，一旦好起來就越驚人。

比如專注在成熟製程晶圓化工的聯電，原本長期的業績十分平淡，市場競爭者已多年不再投資成熟製程的產能，誰料2020年的Covid-19創造了驚人的遠距需求，NB、平板、TV、連網裝置等產品，加上5G建置、物聯網布建，以及車用電子IC化比重提高，各式成熟製程的IC出現前所未有的超級大缺貨。IC代工在嚴重供不應求下，價格一漲再漲，打破晶圓代工價格隨良率提升而下降的慣例，聯電的EPS由2020年第一季的0.19元，逐季成長到第四季已達0.9元，2021年再漲價後，聯電的EPS將創2000年以來的新高。若從股價來看，股價反應基本面的好轉，聯電的底部時間非常久，長期的

圖2-25 聯電週K線，2020下半年股價打完長期的地基後一飛沖天

資料來源：群益證券

大底一旦完成，股價就會呈現萬丈高樓平地起的大漲氣勢，半年時
間大漲近4倍。

■ 中繼整理期：一山還有一山高

記得有一年去安徽的黃山時，為了一句：「五嶽歸來不看山，
黃山歸來不看嶽」，一定要去爬一次朝聖。爬黃山的前半段是坐纜
車，從山腳下坐到半山腰才開始步行，爬了二個小時的階梯後，終
於站上一個小山頭，坐下來喘氣喝水時，望著前方另一個更高的山
頭上有一群人，心想應該可以沿著路直接走上去，沒想到路不是直
接上去的，而是要先走下去一段路，然後再開始往上走。好不容易
終於到了對面的山腰，便出現了像是一線天的狹窄石階，必須60度
的陡升而上，真的是一路手腳並用的爬。幸好之前有在小山頭上先

休息一下，否則手腳不聽話，可能就上不去了。

山群的結構通常是像這樣連綿不絕，高低起伏不定，要攻頂之前，中途必然要經過幾次的上上下下，一個山頭接著一個山頭，逐步往山頂靠近，一山還有一山高的感覺。股價的結構大抵也是如此，很少出現一波直接攻到頂，中間都沒休息的股票。若是有，大概是投機性比較大的股票，主力急著拉上去，又趕緊出貨，因為沒有扎實的基本面，只能靠主力資金硬拉。若漲上去不快點賣，會盤跌回原點，而這種投機股通常是個股表現，不會是主流股，無法形成族群性的上漲。

多頭架構中，正常的股票上漲通常不會只漲一波，因為股價是反應對未來基本面的預期，因此會領先基本面上漲，但漲到了一定程度後，階段性的獲利了結賣壓會出現，同時也會有人想確認基本面是否跟上來，因此追價意願也會暫時觀望，賣盤增加且買盤縮手，反應在股價上就是回檔整理。等待短線賣壓消化一段時間，對未來基本面更加確認時，新的買盤才會重新進場，股價突破整理的壓力區，開始進入另一座山頭的爬升。一般產業的復甦至少會有二波以上的上漲，因此一定有時間讓我們上車，因為一山還有一山高，只要還未到達山頂，每次的整理期都是準備再攻頂，是讓我們切入的機會。

起漲點的底部區是地基，二段上漲波段中間的整理期也是地基，有了地基，股價往上攻才會有力量，股價在地基階段就是做多的準備期。

整理期的股價波動區間越狹窄越好，因為區間小代表沒有不計價想往下砍出的籌碼，或者只回檔一點的價位，買盤就想加碼，賣出與買進的交集區間小，成交區間也會比較小，代表籌碼穩定，後面再漲的力道會越強。整理的時間理論上越久越安定，但實務上則並不一定要很久，因為有時雖然整理時間短，但買盤已經等不及要進場了，等到買盤湧入到一定水準，就會突破整理區，直接展開下一波的上漲。

　　若上漲波段的累積漲幅越大，所需要整理期可能會越長，因為累積了較多想獲利了結的賣盤，通常發生在漲幅巨大的第二段之後。

　　以友達為例，整個上漲的波段歷時約6個月，大波段又可明顯的區分出3個中波段，每個上漲的中波段之間則是整理期，整理期達1至2個月，但沒有出現太深的回檔，屬於平台式的整理，表示籌碼十

圖2-26 友達三波段的上漲

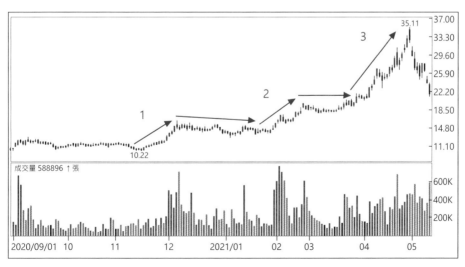

資料來源：群益證券

分穩定，就算有人短期獲利了結，但賣壓卻沒有讓股價大跌，有相對應的買盤仍在布局，因此整理時間夠了，便又展開新的上漲波。

友達第1波後的整理期比較長，第2波上漲後的整理期較短，因為第2波的整理期，市場對友達基本面認同度逐漸提高，市場資金等不及要買了，整理的時間就不會太久。但第3波的上漲後，累積的獲利了結賣壓就很巨大，就算要再上漲，也要經過比較長的整理與回檔，才能完全沉澱籌碼。有時整理完能再上漲，但有時就盤出頭部，要看基本面結構的強度而定。

主流股的上漲架構至少有二波，有時還會綿延不絕，不止二、三波，絕對有時間與機會讓我們跟上腳步，只要認清誰是主流股，控制好停損機制，在適當的價格切入就可以。一年若抓到二、三次主流股，績效就不會太差。

主流股的股價在上漲之前，會有長時間打出來的堅固地基，在突破壓力後起漲，上漲一段後會進入整理，整理時築出另一個比較高的地基，突破壓力後再進行另一段的上漲，呈現一山還有一山高的架構。這是很常見的股價多頭架構，就看在什麼關鍵價位介入比較合適而已。有關於關鍵價的部分，會在第三章進一步說明。

▌ Breakout（突破已現）

在爬黃山的故事中，若一開始沒有踩出向上的階梯，人就是停在原地，看不到黃山的群海（因為有雲海，因此黃山的群山叫海）裡無峰不石，無石不松，無松不奇的潑墨山水美景，就是從那一小

步開始，才有後面的驚喜連連。

在第一個山頭休息後，若沒有繼續往上爬，也就只能看到一小部分的美景。沒有登頂峰而一覽眾山小的氣勢，且往上爬很累，但一旦開始爬，就會想要爬完。

股價待在整理期的時間通常不會太短，在這段整理期，買方的買盤陸續布局，股價可能會有多次想突破壓力的嘗試，但因時機未到，或者賣方的調節賣盤還很大等種種因素，通常會有數次的失敗，每到壓力區就折返。但這像是一種休息的過程，休息得越久，再嘗試往上走的力量就會越足夠。

股價在出現突破壓力的時候，代表多空力量已打破平衡，有句話說：「一顆雞蛋，由外部打破叫死亡，從內部打破叫重生」。股價從內部突破壓力，就是多頭力量的重生。

■ 一切的上漲波段都由突破壓力開始

突破有時成功，有時失敗，但依經驗來看，成功的機率大於失敗。我們前面提到賭場的原則，只要是略大於5成的勝率就可以長期獲利，而突破後成功上漲的機率應大於此數，大約可以到達7成。若成功突破壓力，往往有一個上漲波段可期，通常最少有2成以上，視個股基本面強度及買盤的積極度而定；突破後，我們要在突破點的下方設定停損點，讓上漲失敗的損失小於成功時的獲利，這樣一來便會是：成功上漲的機率大於失敗的機率，且上漲的報酬大於下跌的損失，二者相乘後的預期報酬率便會是正數，且會比賭場來得

高。以長期來看，依此方法操作是個可以做的交易，而且十分簡單。

舉例來說，若突破壓力後，成功上漲的機率是60%，突破失敗的機率是40%，成功後可以獲得10%的報酬，失敗則會有5%的損失，則預期報酬率為：

60%×10%＋40%×（－5%）＝4%

也就是說在這樣保守的假設下，平均每筆交易的預期報酬率會是正數，賭機率大的一方，並在機率小的一方設停損點，長期下來，就可以有合理的報酬。

股價向上突破是多方買盤的展現，也是成為主流股的必要條件。股價向上突破代表市場認同達到相當的程度，是在反應預期基本面向上的趨勢。在股票市場裡，有強勢表現的股票反過來也會吸引更多投資人的目光，若題材性能打動人，資金就會前仆後繼的湧入，形成一種所謂的賺錢效應。先進來的人賺到錢，擴散對該股票的正能量，影響更多人接著進來，進而使同一族群的股票認同度也都跟著提高，族群的股價同步上漲，主流股的族群就自然形成。

德麥公司在圓圈1時曾出現一次突破，但很快的發現是失敗的突破，因此跌落平台時需先停損；而不久後，在圓圈2又出現另一次突破進場點，此次成功展開上漲，上漲的獲利（＋10%）大於停損時的損失（－5%）；經過另一番整理後，於圓圈3處再度出現突破，此次突破為成功的突破，股價出現更大幅度的上漲（＋20%）。

圖2-27 德麥公司股價的突破成功與失敗案例

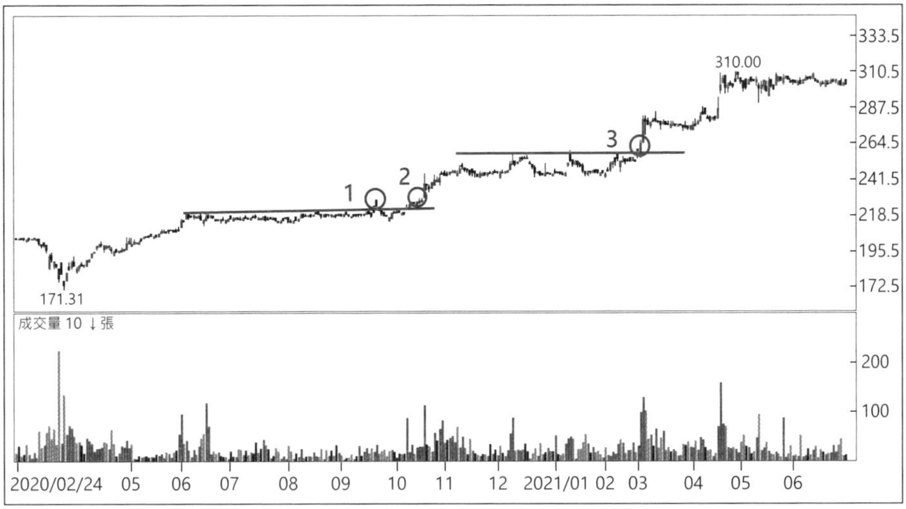

資料來源：券商看盤軟體

　　選主流股就像是NBA的選秀，若你是球隊總經理，想在一大群新人中找到未來的大明星，雖然這些新秀有過去在大學的表現數據當參考，但能否適應NBA的戰場，卻很難說得準。常有大學打得好，進NBA就不行了，或者大學時表現平平，但進了NBA磨練二年後，大放光芒，因此選新秀還是需要一點賭的運氣，而好處是簽約薪水會比較便宜。還有另一種強化戰力的選秀方法，就是等菜鳥球員已經在NBA打過一、二年後，驗證過為可用之兵，此時再來挖角，顯得更穩當，但此時的簽約費用就會漲價。

　　選主流股若能剛在起漲時介入當然是最好，但即使錯過，等確認過它是主流股時再多花一點錢來挖角的概念，也是一種可行而有效率的方法。等上漲一段後，進入整理期再來介入，雖然不是買在最便宜的價位，但卻是買貴而不會買錯。

如何驗證主流股？

　　我們只要找到主流股，投資就成功一半，主流股要符合4個B的標準，但如何才能更加確認自己相中的股票就是主流股呢？可以用三個簡易的方法在過程中檢視。

▌預判巨大改變能否持久

　　站在風口，豬也能飛起來。要成為眾人追捧的主流股，除了公司本身體質不差外，還需要天時、地利、人和的條件兼俱，才有站上舞台的機會。前面我們提到，理解巨大改變出現的原因，其重要性遠大於準確估計公司的獲利數字，清楚巨大改變的原因，才能預判巨大改變能否持久，這才是我們最需要關心的事。

1. 一個產業若之前景氣壞得越久，一旦景氣好起來會越久，幅度也會越驚人。因為壞得夠久，新增的產能或供給會十分謹慎，供需不平衡一旦出現，往往會有暴利出現。比如貨櫃航運壞了十年以上，全球航商連續幾年沒有新增太多大船下水，一旦在2020年景氣開始好轉時，就出現超級多頭循環。若是事件性的巨大改變，回歸原狀的速度也會很快，因為廠商可以很快的做出調整，改變無法持久。

2. 若新建置產能的成本很高，或需要比較長的準備期，則一旦好起來時也會比較持久。如貨櫃船從下訂到完工交船，最快也要二、三年，因此當航運產業景氣好起來時，會有二、三

年的供不應求時間。但若是口罩製造機，設備交機可能只需要一個月，新增產能就很快，就算有供需不平衡，也會很快就被解決。

3. 若巨大改變來自創新，與他人的技術差距可能會決定巨大改變的持久度。比如研發新藥的生技公司，成功解盲新藥並將獲得藥證，若效果優於全球的現有藥品，就會產生技術上的優勢，可以有一段比較長的巨大改變期。只是新藥能否成功並不容易預測，常會發生一翻兩瞪眼的結局。

4. 若巨大改變來自政策，先取得特許權或執照的廠商，就有一段時間的優勢，直到下次政策出現變動前，都可以保有優勢。比如世紀鋼取得政府離岸風電的標案，在工程期或營運期內，就可以有政策保護，不過就成長性而言，若只有單一的標案，後續無形變成常態性的標案或營運權，只屬於一次性的改變，市場就不會給予太長的期待。

5. 若巨大改變來自新平台的建立，一旦平台經濟發酵，就可以產生較大且較持久的巨大改變，因此可以享受較高的評價。比如前面提到的Uber、Airbnb、Food Panda、Upstart……等等的新創平台公司。又比如德麥公司，已建立全台烘焙業的材料通路平台，可以不斷在平台上新增品項，也可以協助客戶提升技術，並保持產品的創新與流行，巨大的改變就不易被取代，持久性就比較好。

巨大改變能否持久需要一些主觀的判斷，但每個產業有不同的特性，並非十分容易，需要累積一些經驗與知識，而本章提供的分析方法，對理解巨大改變應會有一定的幫助。

▌用三個財務數字來檢視改變是否足夠巨大

「如果學開車時，眼睛一直看著方向盤，永遠也學不會開車！」這二句話趣味的表達了投資需要看遠一點，也需要對未來有一點想像力。出現巨大改變的主流股可以用一些簡單的財務數字來做趨勢的驗證，最常用也最好用的有三個財務比率。

■ 營收成長率要有2成以上：

巨大的改變一定會先從月營收看到變化，這也是台灣上市、櫃公司獨有的規定，國外一般只會公告季報，不會公告月營收，台灣的制度讓投資人能更敏銳的掌握公司營運，公司月營收年成長率（YOY）由低成長轉為加速就可能出現巨大改變。YOY要成長多少才算「巨大」？並沒有精確的標準，但一般來說，小型的公司成長率若能看到30%以上，基本上就值得留意；真正大成長的公司，YOY成長率數字可能更大，但成長要有一定的連貫性，若只是1、2個月的成長，隔月又掉下來，就可能是不扎實的改變。在成長的前期，營收數字可能還沒加速到30%，但若已經看到連續加速，且預期高峰尚未到達時，也可以先容忍營收YOY短期低於30%。大型公司要成長到30%以上可能比較難，但至少也要有20%以上，才稱得上「巨大」。這裡要特別注意，若是因外部購併而出現月營收大幅成長的公司，必須回歸到原來二家公司加總的基準來看才準，否則YOY數字會看不出來。

台積電為晶圓代工龍頭，過去每次景氣復甦時，營收的成長率由低到高，至少都有3季以上加速期，每波成長的高峰皆可達到3成

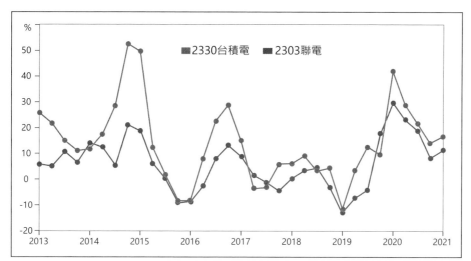

圖2-28 台積電及聯電的營收成長率

資料來源：財報狗

或更高的水準。這是季的資料，若用月的資料來看，投資人也一定
有足夠的時間切入，而且同族群的聯電也是同步的循環，可以作為
產業之雙重確認。但若細看，龍頭股的成長率還是都優於跟隨者。

■ 毛利率與營益率要向上：

　　毛利率高低代表這門生意是不是好生意，毛利率低的行業就要
用規模經濟來降低成本、創造利潤，比較偏向管理財；毛利率好的
行業也隱含進入的難度比較高，或者商業模式不容易複製。各行各
業因為產業特性，毛利率有不同的水準，在同一個行業裡，毛利率
越好的公司，意味越具有經濟護城河，可能是在技術、品質、通
路、規模或者消費者認同度上有一定優勢，不易被新加入的廠商以
降價來分食市佔，或者該公司只專注在利基市場，不與他人在紅海

市場裡血戰。毛利率代表一家公司產品的競爭力、對客戶的訂價能力、對供應商的議價力、抵抗競爭者的實力，若公司有巨大的改變時，毛利率應要穩定且趨勢向上，這點很重要。毛利率向上，代表公司不是靠價格犧牲來擴大營收，這是企業的硬實力。

跟著毛利率走的是營益率，二者的差額是營業費用率，代表一家公司的費用管控能力。當營收規模能擴大時，營益率應要隨著毛利率而上升。

因此，有巨大改變的公司，毛利率及營益率要看到上升趨勢，才是合理的。若毛利率上升，但營益率下滑，可能需要去檢視費用高漲的原因；若是暫時性的，就還可以接受；若是恆常性的費用上升，就比較有管理上的問題。

台積電及聯電每次進入復甦週期，毛利率皆會跟著營收進入上升期，合理反應營收擴大的效果。

■ 獲利成長率要大於營收成長率：

前面提到有巨大改變的公司應該要先看到月營收成長率的變化，至少要翻揚到2成或3成以上，才算是符合巨大二個字的定義。但是若只有營收成長，獲利卻沒有跟著成長，那就是一個假的巨大改變，獲利成長率的基本標準應該要大於營收成長率。

以台積電為例，2014年、2016年及2020年單季營收成長率的高峰分別是52%、28%及42%，但同期的稅後淨利成長率卻高達78%、37%及90%，全部皆是大於營收成長率，意即業務的成長有反應到最

圖2-29 台積電及聯電的毛利率走勢

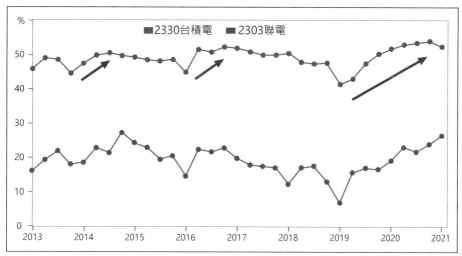

資料來源：財報狗

圖2-30 台積電單季稅後淨利成長率與股價走勢

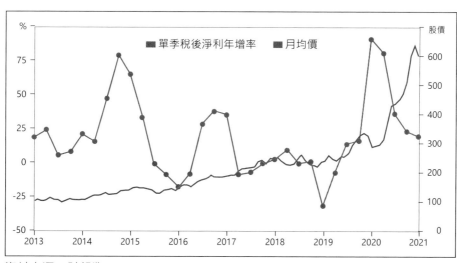

資料來源：財報狗

終獲利數字，因此可以看到股價走長多架構。復甦期時，股價就上漲一波，獲利成長率減弱時，股價進入整理，然後等到景氣再轉強時，股價又再上漲一波，持續進行。

除了少數新創或新興行業，產業發展尚未到達一定規模，可以先不看獲利外，大部分的巨大改變都要看到獲利成長動能強於營收成長，才能支撐股價有波段式的上漲。

▌ 用股價形態及籌碼變化來檢視是否為主流股

我們平時若有接觸財經資訊，可能就會對某些產業的潛力有興趣，這是一種找主流股的起始點，但要檢視這些主流股的巨大改變是否具有持久性，可能不是一蹴可及，需要累積一些分析的經驗。用財務數據來檢視主流股，會有時間上的落後，雖然中長期很有用，但短期來看可能緩不濟急。因此，務實的方法是回到股價上來看，主流股的股價表現有其特性，可以更直接而清楚的當成觀察指標，是很適合一般人的方法。

▦ 主流股股價一定相對強勢

價值型投資跟主流股投資可以二句話來表達其差異：「價值型投資是人多的地方不要去；主流股投資是人少的餐廳不要吃。」無法聚集人氣的股票就不可能變成主流股。

主流股股價表現會明顯比大盤強勢許多，比較容易出現大漲或漲停板，時常會因為主流股大漲了，才帶動起大盤的上漲，是大盤

之中的明星主將，族群裡的個股常會齊漲齊跌，但因個別因素，幅度可能稍有不同。當主流股族群成形後，常是熱門成交股，也是當沖客喜歡蹭熱度的標的。我們可以很容易在成交金額前100大的個股裡，找到具有關連性的同一族群個股，若某個族群時常出現在熱門股名單中，極可能就是主流股之一。

成交金額大小跟股本或市值有關，因此若是太小的族群，有可能無法排上前100大，但無礙於我們挑選主流股。若族群市值太小，就無法吸納夠多的資金，無法變成市場上的主角，因此不一定會入選我們的主流股名單。主流股投資要斷捨離，只抓最重要的關鍵族群，儘量放掉一些跑龍套的配角。

比如圖2-31我們在某一天的交易中，看到前100大成交金額公司中，發現有二個族群，一是跟車用電子有關（紅色框線），另一個是鋼鐵股（灰色框線），二者皆在我們預先的族群分類內，接著再逐一去檢視這些個股的股價K線圖走勢，是否經過整理、是否出現突破走勢，再去理解車用電子股及鋼鐵股是否具有巨大改變的條件，這些巨大改變是否有持久性，此時可以先忽略財務比率，因為財務數據比較落後。若是主流股剛形成不久，可能在財務數字上還不會顯現出來，只要基本面向上有強烈的可預期性就可以。若發現大致都符合，剩下的就是在什麼價位適合切入而已。

圖2-31 某一天的成交金額前100大個股，依漲幅排序的前幾名

商品	買進	賣出	成交	漲跌	漲幅%▽	單量	總量
台半	68.2	--	68.2s	▲6.20	+10.00	57	35990
金麗科	379.0	379.5	379.5s	▲34.50	+10.00	111	5359
晶相光	182.0	--	182.0s	▲16.50	+9.97	25	17383
新鋼	36.40	--	36.40s	▲3.30	+9.97	90	46231
富鼎	82.9	--	82.9s	▲7.50	+9.95	12	23200
一詮	43.70	--	43.70s	▲3.95	+9.94	28	41494
創意	448.5	--	448.5s	▲40.50	+9.93	16	6589
騰輝電子-KY	160.5	--	160.5s	▲14.50	+9.93	39	14832
強茂	87.6	--	87.6s	▲7.90	+9.91	116	44320
朋程	183.0	--	183.0s	▲16.50	+9.91	4	8489
新光鋼	86.6	--	86.6s	▲7.80	+9.90	86	48393
運錩	44.95	--	44.95s	▲4.05	+9.90	31	32090
尼克森	76.7	--	76.7s	▲6.90	+9.89	14	18125
晶豪科	174.0	--	174.0s	▲15.50	+9.78	74	79138
>>康普	102.5	--	102.5s	▲9.00	+9.63	12	11691
順德	132.0	132.5	132.0s	▲11.00	+9.09	318	13050

資料來源：群益證券

　　我們可以發現，當多頭市場時，主流股通常不止一個，各主流族群以輪動的方法上漲，隔一段時間後，會發現所有的主流族群都累積不小的漲幅。當空頭市場時，主流股就變得比較難尋找，因為景氣不佳，要找到有巨大改變的產業不多，此時價值型投資就會相對有吸引力。不求高風險高成長，但求穩定成長，平穩的高殖利率就成為保護傘，而價值型投資就不求短期績效，需要放長一點來看。不同的時空背景，有不同的操作策略，不過空頭市場時，主流股少，因此我們投資時也會自動減少部位，形成一種自然的部位管控。

　　發現主流股不難，只是很多人會選擇視而不見，或者因為對基本面訊息的感覺還不夠強烈，因此不願意追高，但股價只會越等越貴，最後只好放棄，就錯過了；或者在新聞報利多時才追進，但沒有去解讀巨大改變的持久性與幅度，變成抱不住股票，只賺到一點

點就出場；或者在股價漲多後，逐漸接受主流股的上漲趨勢，終於選擇相信而忍不住出手，但那時獲利空間可能已變小，震盪的風險也變高。

只要是強勢股都可能是主流股的候選人，但要符合4個B的標準，成為真正當選主流股，不過就算是主流股，也不會天天大漲，因此要持續追蹤，當股價進入整理期時，可能反而是較好的介入時機。

■ 主流股為多頭架構，萬丈高樓平地起，一山還有一山高

前面提到，投資只要當後知後覺的人就夠了，對應到股價上來看，就是不用買在最低點，而是要買在確認已經進入多頭架構時。更務實地說，只要買完之後，股價還會繼續上漲就可以了，因為在多頭架構裡，時間是股價的朋友！

因此，重點要放在確認股價是否為多頭架構，但什麼是多頭架構？簡單說就是下方有底部支撐，而股價已經脫離底部區，股價K線圖呈現左下右上的形態。或者雖然已經上漲一段，但經過整理後，又啟動新一波上漲。也就是前面提到的萬丈高樓平地起，一山還有一山高。

我們挑選前面強勢股的二個例子來看：

騰輝電子的週K線在下方有一個長期的底部區，到了6月時出現突破走勢，展開大漲行情，騰輝的車用CCL銅箔基板具有利基性，整體汽車電子股表現有族群性，且進入成長復甦期，符合主流股的4個B條件。若在圓圈處能留意到一個主流股正在成形，適時介入，

不用買在最低點60元，買在突破點100元，漲到160元也可以有高達60%的報酬率，相當不錯。我們可以看一下成交量的部分，曾出現二次的大量，如圓圈所示，起漲必量增，代表人氣匯集，前面的大量可視為主力大戶的提前布局量。騰輝電子的股價在突破底部頸線後，就確認進入多頭架構，是進場的機會。

順德為車用功率半導體導線架的龍頭公司，在汽車電子中具代表性，跟隨產業進入復甦成長期，符合主流股的4個B條件。以日K線來看，在9至12月時曾出現一波上漲，因短期漲多，進入中期整理，整理期歷時約5個月時間，6月時再度轉強，成功突破整理區的頸線壓力區，再度展開新的上漲波段。若在圓圈處進場，成本約100元，短期內漲到144元，也可以有44%的報酬率。順德在圓圈處的突破出現後，就確認是多頭架構的再上漲，是進場的機會。

圖2-32 騰輝電子週K線

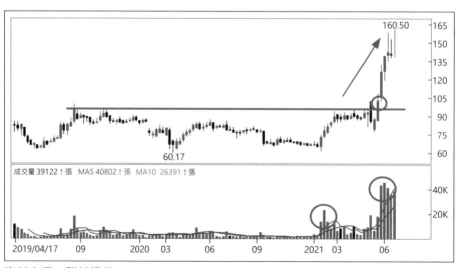

資料來源：群益證券

圖2-33 順德日K線

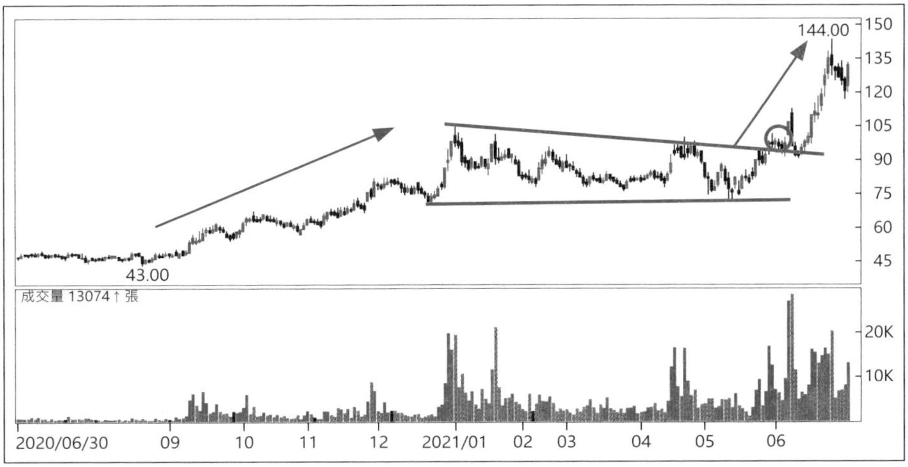

資料來源：群益證券

■ 主流股的籌碼面常會看到外資、投信及大戶的布局

　　網紅或明星除了本身的才藝或外表出眾，一定是被粉絲們以無數的讚與追蹤數所催生出來的，若明星的粉絲是年輕的死忠派，明星的光環就可以持續比較久，因為粉絲年輕，可以支持很多年，有些台灣的過氣明星去了對岸反而更紅，因為他們的粉絲從年輕時就是粉絲，到了有年紀時，一樣留者那份好感，而且更願意花錢去看本人，因此明星生命可以持續發光發熱。

　　主流股的股價是很多人用很多錢堆出來的，若推升主流股股價的粉絲不夠力，上漲的續航力不足，那上漲有可能只是曇花一現，因此，我們也要留意籌碼面的參與人結構。

沒有什麼人關注的低量冷門股，就算漲到天上去，也不關我們的事，因為認同度低，只有少數的主力在操控股價，我們對冷門公司不熟，也無從查證基本面，因此不太可能去買，就算買也不敢買多，這種股票要放掉，我們要做的是把注意力集中在市場會注意的主流股。除了去關心是否符合4個B的條件外，也要看一下支持的粉絲是誰，如果很多買盤是來自二大法人（外資及投信）或大咖的主力大戶，則會增加成功上漲的機率；但如果沒有任何法人著墨，基本面的認同度可能稍低，可是也不見得就不會漲，法人及大戶籌碼是加分項，不是決定的因素。

投信大多會養一群研究團隊，這些人是全職研究員，天天去拜訪公司，收集產業資訊，經過財務分析，預判投資展望，經過基金經理人的深思熟慮，做出來的選股決策，可以說是一種免費且好用的過濾機制，我們應該要好好利用。不過要特別注意，有些外資其實算假外資，是內資借道外資身分的資金，在運用時要稍微考量一下。

投信的基金績效是以大盤為基準，基金經理人的最大責任是讓基金績效打敗大盤，但如何打敗呢？最好的方法是讓投資組合的股票都是具有成長動能的股票！因此，經理人需要不斷地去找尋展望向上的個股，將之納入投資組合之中。若是看到投信針對某檔「個股」有持續性的布局，可以留意一下後市發展，該股票可能具有成長性；但若是針對某個「族群」有全面性的布局，那就千萬不要忽視，因為很可能就是我們在找的主流股，投信的買盤可以當成一種主流股的確認機制。

投信的買超在中小型股上較具影響力，如果買超佔公司股本比例越大，押注得越重，也代表越看好該公司的前景，或者公司股價是被嚴重低估，若預期未來沒有很大的上漲時間與空間，考量一進一出之間的成本，就不值得重押。因此，若是全面性的買超某一個族群，整個族群佔基金的持股比例更高，一旦押錯會全盤皆輸，因此必定是經過更審慎的評估，這樣的族群性更值得參考，是一種強烈的做多訊號。

當然投信也可能看錯或做錯，因為外在環境是變動的，現在好不代表3個月後一樣好。當看錯時，我們不會等投信停損才動作，我們有自己的關鍵價停損機制，將風險控制在一定的水準內。

外資的操作因為夾雜真外資及假外資，有時提供出來的訊息不一定如表面所看到的，但若是連續性的買超出現時，大抵可以先相信為真，尤其是中大型股的連續買超，就有一定的參考性。

另外，有資料庫軟體是針對持股大戶的每週持股水位做統計，大戶的標準可以依不同持股張數當條件，從400張到1,000張以上等等不同參數都可以設定。基本上，若股價不是銅板股，一檔股票能持有400張以上就可以留意，這些大戶的進出應多少有些參考性。但這個數據可以當成加分項，卻不宜當成決策標準，為什麼呢？

一是可能高估或低估大戶的動作，比如數據是統計所有持股1,000張以上的大戶總張數，若其中有人原來是999張，他只多買1張，變成1,000張，那這1,000張就會列入統計中，但實際上卻不一定是大買；反過來也是一樣，若原本持有1,000張，但賣了一張變

999張時，大戶統計數就突然減碼了1,000張，好像在大賣一樣。若接近臨界值的大戶人數多，這個加總數據就可能有不小的偏誤。

二是大戶可能會以不同戶頭進出，比如某大戶有5個不同戶名的戶頭，用一個千張A戶頭賣1張，變成沒有列入統計的999張，但其他4個戶頭卻從0張買成999張，這樣千張大的統計數據會變成A戶頭-1,000張，但實際上卻是+3,996張，可能會產生誤計。

三是大戶進出場雖然有參考性，但還是要看股價最後是往上或往下走，才能判斷誰的力量大。有可能出現千張大戶的持股一直減少，但股價卻一直上漲的情況。大戶雖然因為價格不錯而賣出，但有更多的人看好公司股票，雖然這些投資人不一定是大戶，但有時螞蟻雄兵的力量更大，且大戶減碼有可能是因為上述的統計偏誤，不一定真的賣那麼多，因此，出現大戶減碼股價反向上漲的情況。

原則上，跟投信、外資及大戶站在同一邊，贏錢的機率會大一點。

以鴻海為例，原為股價波動區間不大的大型電子龍頭股，在宣布成立MIH電動車平台後，正式進軍電動車組裝，股價突破整理的壓力線後，三大法人買超連續且積極，股價一反過去的牛皮，展開波段上漲。若由突破點85元起算，到波段高點134.5元的漲幅達58%，有大咖的助陣，股價成功上漲的機率就比較高。

我們看一下台灣股王大立光，在三大法人的連續買超下（圓圈處），股價出現反彈行情，但來到線1附近，約當是前一波高點時，

圖2-34 鴻海日K線與三大法人進出狀況

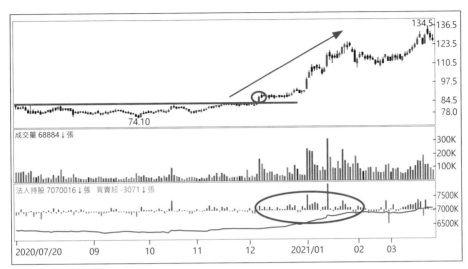

資料來源：群益證券

圖2-35 大立光日K線與三大法人進出狀況

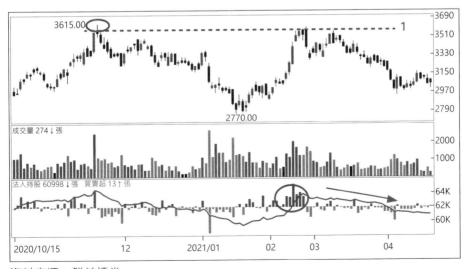

資料來源：群益證券

法人的買超突然停了，缺乏主力的買盤推升，可能意味前高是主力想調節的價位區，經過幾天的震盪後，法人輕輕一賣，股價就幾乎跌回起漲區，三大法人助漲也助跌。

另一個例子我們看一下車用二極體大廠朋程，2021年中，汽車產業原本IC缺貨的問題解決，開始進入復甦期，朋程股價突破底部頸線壓力，我們可以看到三大法人出現連續性的追價，而400張以上持股的大戶也有二波的布局，一次是在底部區時，已有二千多張的加碼，突破壓力後進一步增持一千多張，有三大法人及大戶的加持，股價漲起來更有底氣，因為粉絲們很夠力。

圖2-36 朋程日K線與三大法人及400張持股以上大戶的進出

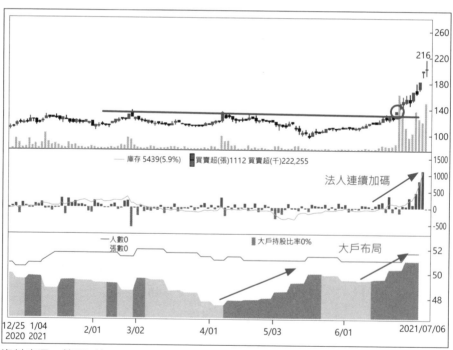

資料來源：籌碼K線

想要簡單而有效率的做好投資，只選主流股做投資是很好的簡化方法，只要確認4個B的條件符不符合，在合適的關鍵價格介入，並設定好停損點，時間很容易變成我們的朋友。再回憶一下主流股的4個B：

Big Change：基本面是否有巨大改變？原因是什麼？是否能持久？

Buddies：是否具有族群性？不是孤狼式的個別表現？

Base：股價是否經過長期的底部整理，或者中繼整理過？

Breakout：股價是否突破壓力區，開始轉強成為強勢股？

　　當市場沒有主流股可以挑時，可能是空頭市場，那就不要勉強做多；但是若市場有主流股，而我們卻視而不見，一張持股都沒有時，那就是我們操作上有問題，忽視關鍵之所在。像是考試前，老師幫我們畫考試重點，我們卻偏偏都把時間花在沒畫線的地方，其實投資只要及格，長期下來就會有不錯的報酬。心思若發散到各種股票，什麼有利多的股票都想賺到，往往是「滿天全金條，要抓沒半條」，把心思專注在主流股上是簡化投資的好方法，成績很容易及格。

—— **Chapter 3** ——

操作
只看關鍵價

以一套合理而清楚的機制來決定進出；在關鍵價出現
時果斷出手，在應該停損時迅速停損。

只要股市不是處於空頭市場，每檔股票都有上漲的機會，但我們不可能像散彈打鳥一樣全部都買，個股強弱還是有差別，我們必須把選股的焦點放在主流股上，這是最有效率的方法。其他非主流股則要採取減法原則，以斷捨離的原則儘量放掉，以免模糊了重點。股票市場每年都會出現漲幅驚人的主流股，我們只需聚焦在主流股族群，就算是後知後覺，也會有不錯的操作績效，這是簡化投資的第一步。接著我們要決定另一件事，在什麼價位進出才是最適合的呢？

股票價格不是漲就是跌，隨時都在跳動，若是漲了沒買會扼腕，買得太多下跌會心驚，原本賺的變沒賺會膽戰，賣了後上漲會吐血，買了後馬上套牢會覺得惱火……，所以，真的有適合進出的價位嗎？股價隨時都在影響我們的心理，像是貪與懼二個心魔，時常引導我們做出各種錯誤的買賣決策，在第一章已討論過投資是從不知不覺到後知後覺的過程，要「知」的是外在趨勢的變化，要「覺」的是有自覺以控制內心的貪與懼，但要如何控制？除了心理面的修為外，要像戰國時代的法家治國一樣，透過制度化來處理，以一套合理而清楚的機制來決定進出，在不應該出手的時候綁好手，在關鍵價出現時果決出手，在應該停損的時候迅速停損，這套方法就是關鍵價投資術。本章將詳述如何利用關鍵價來進行操作，若是只對技術分析有興趣的人，可以由本章開始閱讀。

首先，要認識股價的循環與架構。

股價的多空循環與架構

▌ 要用還原權息的K線圖

　　使用對的資訊是決策的基礎，我們使用K線圖時也是一樣。K線圖記錄過去連續的成交價格與數量，反應買、賣雙方對未來股價的預期，可以觀察到買、賣雙方誰的力量比較大，賣方力量大就會有壓力，買方力量大就會有支撐，累積一段時間的交易後，會產生多頭走勢、空頭走勢或區間盤整三種主要的股價結構。

　　我們持有的股票成本不同時，也會做出不同的買賣決策，因此，必須儘量貼近實際成本來記錄交易。比如甲先生在股價100元時買了10張，後來參加除權息，成本變成每股90元，若股價又漲到100元，乙小姐在此時認為股價會上漲，想買5張100元的股票，那二人的決策思維就會不同。若甲先生想在獲利10%時出場，在100元賣出是獲利10元，剛好10%，但同樣的價格，乙小姐這5張的買盤看起來不少，原本可以讓股價上漲，但因為甲先生的100元以上的賣盤有10張，若沒採用除權息後的價格，會誤以為甲先生在100元賣出是沒賺錢，推估賣壓應該不大，可是實際上卻已賺了10%，因此他願意賣出。

　　乙小姐若不能正確衡量甲先生的成本，會誤判賣壓小，因此乙小姐這5張買在100元以上，可能變成太早進場，或是買太高，因為甲

先生的10張賣不掉時，可能會調整價格往下賣。或者100元就會成為某一段期間市場的賣壓所在，變成價格的天花板，每次漲到100元時，市場的買盤都沒有甲先生10張的賣盤大，價格就無法突破100元。實務上，我們無法猜出甲先生想在哪賣出股票，但可以由壓力區看出賣壓大小，若不能正確衡量甲先生的成本時，就有可能誤判情勢。

相反地，若股價又跌回到90元時，其實就是甲先生當初願意買的成本區（還原權息後），因此若假設甲先生想法不變，回到當初想買的價位，一樣會想買，90元附近就有可能出現支撐。

若用原始K線圖來概抓成本，那抓出來的關鍵價格就會偏差，忽略了參加過除權息或增減資的人成本跟原始K線圖上的不同，容易抓錯壓力與支撐價格，必須採用還原權息的K線，以求儘量貼近市場實際成本，才能正確解讀市場主力大戶心中有意義的價格。

這是第一步，使用還原權息價格K線，市場上的看盤軟體大部分都有此功能。

▌捨去所有技術指標與均線，只用裸K、成交量及籌碼

每個初入金融市場的人，只要是有碰觸到技術分析的領域，大概十之八九都是由均線、KD、MACD、RSI、布林通道、K線理論……等等技術指標為入門的方法，之後可能還會加上不同週期的時間頻率當條件，最後可能還會調整指標的各項參數，來配適出最貼近市場走勢的指標。因為我們都想讓投資像數學一樣，可以尋找出最佳解答，也就是所謂的「聖杯」，完美的詮釋市場變化的一種指標。

筆者也做過這樣的事，曾跟優秀的同事日以繼夜的研究，想優化指標的挑選與參數，好不容易找到最佳解，但不久後，又會發現在不同的市場、不同的商品、不同的時間週期時，這個「聖杯」指標卻又變得一無是處，尤其是當指標背離發生時，常會錯得更離譜，為什麼呢？

所有技術指標都是以過去的價格來當經驗值，沙灘上打上來的浪花大家都看過，看起來都差不多，但世上卻沒有一次的浪花是跟過去一樣的，金融市場也是，不會有完全相同的情境重複發生，因此價格的變化當然也會不同，過去對的技術指標可能在下一次就失靈了。

另外，大家都聽過黑天鵝事件一詞，指的是很少出現，但一定會出現的偏差事件。平時大家只看到白色的天鵝，認為世上的天鵝都是白色的，沒有其他種類，但實際上世上卻存在黑天鵝，只是少見而已。當湖裡突然飛來黑天鵝時，會讓人們驚訝不已，像是網路泡沫、金融海嘯、歐債風暴、Covid-19疫情等等皆可視為金融市場的大型黑天鵝事件。平時裡，還有很多小型的黑天鵝出現，所以，假設基礎會一直處於變化的狀況，無法一直沿用。技術指標是適合承平時期抽樣值的一種方法，一旦出現偏離值時就會失準，需要時時做參數調整。這些調整或許是專家能做的事，但對一般投資人來說，恐怕還沒等到做出調整，就已經輸光被掃出市場了。

如果技術指標沒有一個通用的標準，會變成最近這個指標有用，過陣子又得換別的指標才有用，沒有放諸四海皆準的指標。要

想貼近市場價格變動，需要時常換指標才行，而且可能要時常調整參數，那技術指標就太麻煩了！失去了原本利用指標提取出買賣訊號的本意，不但沒有簡化，反而變得更複雜。

大家在運用技術指標時，一定都會遇到指標失效的經驗，最後在技術指標中迷失。原本自認為有用的技術指標，心想為什麼明明上次很準，但這次怎麼出包了，錯亂的指標訊號頻頻出現，到底要用什麼技術指標呢？！

這些技術指標在投資書籍裡明明都很好用、很神準，投資達人都用得很漂亮，為什麼換到我手裡，用起來就常常失準，好像賠錢多於賺錢？

答案很簡單，這些技術指標有時有用、有時沒用，但教科書本裡只會放技術指標有用的情境給你看，每一張K線圖搭配技術指標都完美無瑕，讓人看了深信不疑。至於失準的，就先不提了吧。這樣的範例演示會讓人誤以為大部分情境裡技術指標都有用，但實務上，我們更常遇到失準的情境，而且一旦失準時，造成的損失或錯失的賺錢機會，往往是大波段的行情。若還一直在技術指標裡打轉，就無法看清股價的真正趨勢。

以長榮的K線圖為例，2021年6月後的KD指標不斷背離又走弱，到底是要做多還是做空？實在很混淆。事實上，在KD背離的這一個月時間，長榮股價大漲一倍，是最好賺的階段。若被技術指標搞得不敢買也不敢抱，就錯失了最甜美的上漲段。更慘的是可能看到指標高檔死亡交叉走弱時反向去放空，會被軋到吐血。

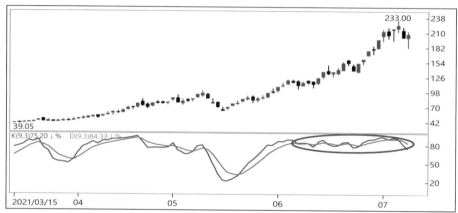

圖3-1 長榮在2021年上半年K線圖

資料來源：群益證券

　　有些人不用技術指標，而是改用均線，這樣的情況會好一點，但還是會出現問題。

　　均線最常用的是葛蘭碧8大法則（J.Granville Rules），使用方法網路上都可輕易查到，這裡就先不佔篇幅。法則以股價與長、短期均線的相對關係及趨勢來判斷，以長期均線的方向為基準，判斷短期均線回檔或突破該買進還是賣出，基本的架構是在抓大循環趨勢，沒什麼問題。但短期及長期均線該用幾天的參數，卻有很大的疑問。

　　如果你有在用均線當進出的準則，會發現有時要用5天，有時要用20天，有時又得用60天，甚至120天……，也就是所謂的週線、月線、季線、半年線及年線。若是遇到股市大崩盤，十年線就會有人拿出來講，甚至有人進一步說月線要用22天才是剛好的月線，或者要用國外流行的100天均線當指標。看著滿布各種均線的K線圖，能看得出方向來的真的是要很有慧根，當各天期的均線不一致時，到

底要用哪一條均線為準呢？還有人說用20週均線一條線就可以，其他都可以丟掉，各位不妨自己設定一下參數試試，看起來很多區間盤的時間都是被市場巴來巴去的，等到真正展開波段行情時，可能本金沒剩多少了。

　　還有一些投資人喜歡用均線扣抵值來當神祕數字，由於均線採固定期數，比如20天或60天均線，採樣最近期的20天或60天的收盤價來算平均值，因此隨著時間的移動，均線很自然的必定會在K線圖上移動式的推進。用均線採樣值的最後一個跟下一個K棒的差距，與目前平均值比較，可以推算出均線接下來是向上或往下走。喜歡用的人把均線扣抵的方法講得很神祕，好像是先知一樣，其實這只是樣本數的問題，採樣10天、20天、60天等等皆有不同的答案。但如果均線本來沒有用，就算知道均線接下來往上或往下，又有什麼用呢？把一堆石頭放在一起，還是一堆石頭，不會變鑽石。

圖3-2 和大週K線與20週均線出現的買賣訊號混淆

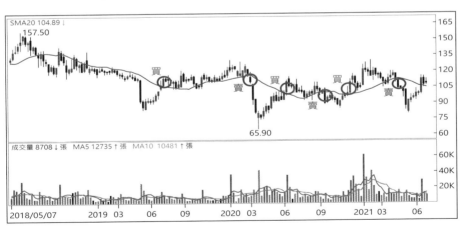

資料來源：群益證券

技術分析的第二步是捨去所有的技術指標及均線！你沒聽錯，技術分析居然要捨去最好用的技術指標及均線，因為實際運用後，我們會發現這些指標給的指引，對跟錯的機會可能是一半一半，或者略高於50%而已，給出混淆訊號的次數太多，多到讓人懷疑人生，其實對的機率比一半大一點沒什麼問題，記得賭場的長期勝率嗎？這樣就夠了，但最大的問題是會錯失賺大波段的機會，太早離場或者做錯方向，這一點會讓長期投資報酬無法提升。所以這些工具留給極少數可能會用的人去用就好，我們要找的應是簡單、好用、前後一致性的工具。

所謂大道至簡，要回到原始的初心。而什麼是原始的初心，交易是由買、賣雙方出價而完成，所以我們要回到記錄買、賣雙方交易的K線圖，配合成交量及籌碼變化，從中去解讀力量大的是買方還是賣方，再去分析其中影響價格方向的主力籌碼，猜想他的買賣動向，預判股價的壓力與支撐，提高我們交易的成功率。

特別說明一下，主力並不是指固定的投資人，只要能推動股價往趨勢方向走的人就是主力，可能是某些外資、壽險資金、退休基金、投信基金、投資公司、公司大股東、中實戶，甚至有時是像螞蟻雄兵般的散戶！主力有對未來股價的預期，因此願意在認為便宜的價格買進，在認為昂貴的價格賣出，主力的成本才是影響價格走勢的關鍵。教科書教我們採用均線來當成市場平均成本，說法沒錯，但卻無法精確預判支撐或壓力。

假設某股票主力的成本在90元，市場平均成本在100元，那請問：若股價從105元跌回到100元時會不會有支撐？

最可能的是：100元有小幅的支撐，因為回到一般人進場價附近，可能有人還想加碼，但成本在90元的主力卻會無動於衷，因此若有買盤，只有部分的散戶，支撐的力道不會太強，短期均線可能沒有支撐性；若股價進一步跌破100元，來到98元時，可能不但沒有支撐，反而會讓100元進場的人執行停損，這是股市中的人性，沒有人喜歡看到自己的股票套牢。尤其是波段操作的人，當股價跌破成本時，很可能會認為是一筆錯誤的交易而停損，因為這些人不像主力是砸大錢下去買的，對股價比較缺乏堅定的看法，市場平均成本100元，其實支撐力像紙糊的一樣。

假設股價更進一步跌到90元，接近主力的成本區，散戶已經很多人停損了，反而會開始有支撐，為什麼呢？基於三個理由：

1. 主力當初布局的價位在90元，為什麼布局？因為看好未來股價的空間，認為90元是便宜價格，因此只要展望不變，若股價再度回到90元時，就應該加碼；

2. 若主力讓股價跌破90元，手上的大部位就會變成賠錢，誰想讓自己管理的基金變賠錢？所以怎樣也得護一下盤，除非發生一種情境，大盤出現崩盤時，市場停損賣壓太大，以致主力即使買，也頂不住全市場的賣壓，以致跌破90元。但這種情形等到大盤止穩反彈，股價通常也會很快反彈到90元之上，形成假跌破或破底翻，90元再度變成支撐；

3. 股價由105元跌到90元的過程中，散戶想賣的都砍得差不多了，沒有那麼多籌碼要繼續賣出來，因此也容易出現支撐而止跌。

因此，我們要看的是主力的成本與動向，才能準確判斷支撐與壓力。均線雖然簡單，但時常需要調整或切換，無法變成一個好用的工具。

　　和大在2021年4月初時，股價站上20日均線，且20日均線向上。就均線操作法來看，此處為買進訊號，但之後卻再度跌破20日均線，並重啟一波跌勢。

　　若是不看均線，其實會更清楚些。和大在1月時曾出現二次大量，三大法人站在買方，但爆出大量後，不但沒有續攻向上，反而開始震盪，代表這二根大量有其他買賣不須揭露的主力，藉利多大漲真出貨的嫌疑。因此，若是大量區或是盤整區的支撐被跌破，就該停損，以免變成一個小頭部區。在2月時三大法人開始站在賣方，

圖3-3 和大日K線與20日均線

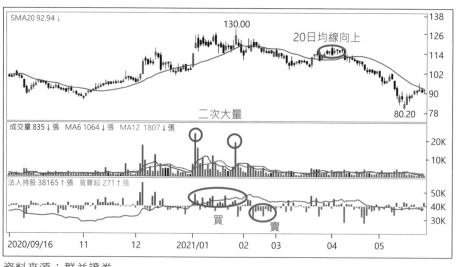

資料來源：群益證券

股價正式跌破盤整區，形成一個主力出貨的壓力區，之後在4月雖然出現反彈，但量能無法放大，因此可以判斷，越過壓力的機率不大，不會是好買點。我們看到主力在1月時逢高減碼，高點就會形成壓力區。均線投資法在4月初看到股價站上月線，且月線向上，就會去做多，但我們只用簡單的K線圖加籌碼面分析，就可以清楚看出，此處並不宜當買點，所以就不會被騙進去。

先用週K線看股價循環位階

每個產業會有自己的景氣週期，不一定會跟總體經濟同步，有的產業會領先，有的產業會落後，有的則是走自己的循環，跟總體經濟沒太大連動。若產業景氣是牽著狗散步的老人，那週K線應該是最乖的狗，跟著老人亦步亦趨的跑，不但能適當反應產業趨勢，也不致反應過慢或過快。

股價的多空循環

影響股價短期走勢的原因很多，主要來自預期心理及籌碼面的變化，但以中長期來看，股價終將反應產業的景氣趨勢。景氣及股價相對應的循環階段大致上可以區分為：

景氣谷底⇒復甦⇒擴張⇒高峰⇒收縮，然後再進入下一個循環。

股價築底⇒緩漲⇒急漲⇒頭部⇒下跌，然後再進入下一個循環。

二者大方向雖然一致，但還是有一些要留意的地方：

1. 景氣變動較緩和，股價反應較激烈，也較快速。

2. 景氣反應實質經濟，股價反應預期心理，因此，股價會較景氣提早觸底，也會提早出現高點，領先期間各產業不同，要看產業能見度及可預期性有多長。

3. 擴張期通常比收縮期的時間長，因景氣好時開店及擴張是逐步的，但景氣不好時退場、關店或縮手的速度快。

4. 股價通常頭部小、底部大（參見圖3-4），因除了反應產業景氣外，股價步入空頭市場時，籌碼的沉澱需要比較長的時間。股市有句話是：「頭部一日，底部百日」，用來形容築底相當費時，這是因為頭部區的成交量通常比較大，待解套的賣壓大，因此要一直反覆的打底過程，讓想賣的人都賣得差不多，股價才漲得上去。

5. 以股價來看，每次的谷底不一定會接近，高峰也不一定相近。長期來說，一個成長的產業或企業，股價應是一底比一底高，除非是遇到巨大的系統性風險，或者企業本身出現結構性的問題，才會跌破前面的谷底。

6. 有些高成長或長期成長的產業，收縮期只是成長率下滑，不一定是負成長；有些結構性出現問題的產業，成長期要很久才出現一次，且持續的時間不長。通常是偏向原物料型的產業，產業內出現大型的競爭者或新增較大的產能，破壞了原來的均衡。

7. 波段投資者買股票的時機，要買在築底完成後，或者在上漲階段，才能順勢操作，時間才會是朋友。價值型投資者則是人棄我取，在空頭修正一段後就開始分批進場布局，一直買到底部完成，比波段投資者更早。波段投資者比較講究時間

圖3-4 股價循環領先產業循環示意圖，以及左／右側交易者的進場位階

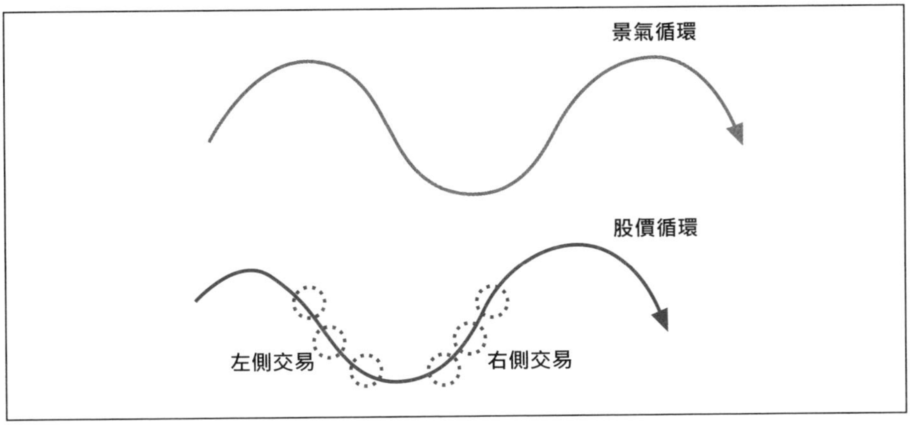

景氣循環

股價循環

左側交易　　　　　右側交易

資料來源：船長

> 效率，所以有所謂「右側交易者」與「左側交易者」之差
> 別；右側交易者即為波段投資者，在景氣復甦股價上漲時
> 順勢操作；左側交易者則是在景氣蕭條、股價下跌時逢低布
> 局，等待景氣復甦、股價上漲時再出脫。

以台半的週K線來看，左側的底部區築底時間很長，底部完成
轉入緩漲階段時，法人及大戶開始進場，逐漸將股價推進到急漲階
段，在相對高檔出現後，法人及大戶開始調節，股價便開始做頭，
轉為修正後，進入長達2年以上的築底期，直到法人及大戶開始回補
部位，股價才開始脫離低點。不過，此處的最低點是因Covid-19疫
情造成的系統性風險，整體底部規模遠大於頭部。

波段投資者要等底部確認後再進場，才不會太早進場空等，寧
可買貴一點，但股價底部已獲確認，買開始轉強時會最有效率。買
在最低點與否，從來不是波段投資者要考慮的事。我們只在意買完

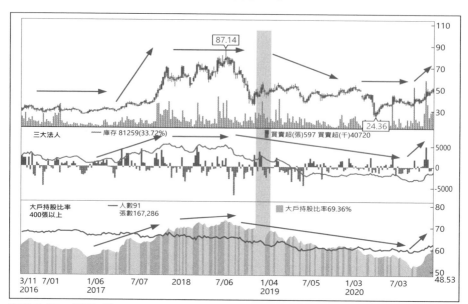

圖3-5 台半的週K線

資料來源：籌碼K線

後還會不會漲，以及買進的價位風險有多大，符合這二點，通常股價循環是位於底部完成後，以及緩漲轉急漲二個階段。

■ 看景氣用週K線剛剛好

　　台灣上市櫃公司每月公告月營收是一個很好的獨特制度，讓投資人可以逐月看到企業的營運狀況，不會像國外上市公司，每一季才公告一次財報，等到看到時，前一季已經過完。股價反應基本面，最快的驗證數字是月營收，但股價若按月來看，未免也太慢，按日來看，又容易有只在此山中，雲深不知處的感覺。以經驗來看，用週K線是最佳週期，既不會太慢，像恐龍一樣的緩慢神經傳導，也不會太快，變成見樹不見林。

南電為台灣上市公司中ABF比重最高的印刷電路版（PCB）廠，全球高速運算晶片皆需ABF基板，且過去產業慘淡多年，全球供應商新增產能有限。在高速運算晶片爆發性需求出現後，南電2020年開始進入成長期，我們可以看到下方月營收呈現向上趨勢，月營收的年成長率皆維持在2至3成，反應在週K線上，就是多頭循環的架構，從底部 ⇒ 緩漲 ⇒ 急漲，到K線圖上的截止時間，都還沒有看到頭部現象。若我們利用週K線搭配月營收，就能很有信心的介入操作，不會太晚進場，也比較不會因短期波段而被市場洗出去。

圖3-6 南電週K線及月營收表現

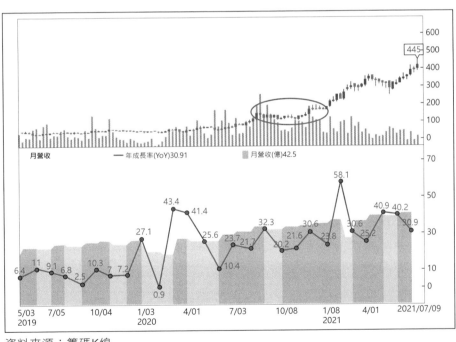

資料來源：籌碼K線

■ 用日K線來操作

用週K線看懂目前股價循環位階後，就可以用日K線來進一步做更精確的實際操作。週K線一根K棒高、低點差距，有時幅度可能高達2成以上。在同一根週K棒上，買到高點或低點，結局會差很多，買在相對高或沒有支撐的地方，就很難抱得住股票，只要一震盪，就可能觸及停損點，日K線就可以比較精準些。

我們沿用上面南電的例子，將週K線的圓圈處，改用日K線放大來看，在經過8至11月的整理期後，出現突破壓力的B點，下方三大法人及大戶籌碼也趨向集中化，因此這個B點成功的機率很大。B點就是我們前面一章提到的突破（Breakout），是主流股的條件之一，也是買點。用日K線會最有效率，不用空等3個月的整理時間。

用日K線看不清楚支撐與壓力時，有時回到週K線的大架構來看反而清楚，二種K線週期可以一起看，相互輔助。

在懷疑可能出現高、低點轉折時，我們也可以用60分鐘或5分鐘K線來確認關鍵價格。5分鐘或60分鐘K線上的大量區，可以比較精確地指出主力進、出貨的參考價位，或者在股價創高或破底時，可以用來看是否出現有意義的成交量，若沒有量，常是假的創高或破底。但要提醒一下，分鐘線僅為輔助之用，不宜作為操作之決策指標，以免迷失在短期交易，而錯失波段行情。

至於K線圖要用多長的期間來觀察比較合適？觀察週K線的循環位階時，時間當然越長越好，越能看出其週期性，至少要抓3年的時

圖3-7 南電日K線的B點

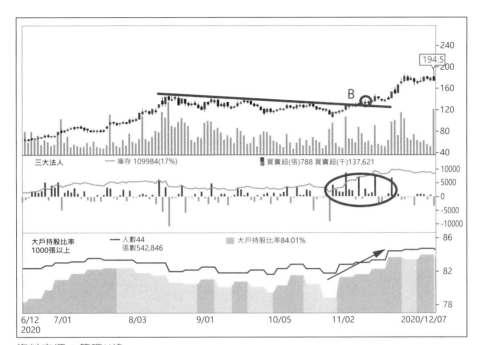

圖3-7 南電日K線的B點

資料來源：籌碼K線

間，才可能看出一些循環。有些產業遇到十年或二十年一次的大景氣行情時，若只看近三年的週K線時，就有可能自我設限而小看其爆發力。

　　觀察日K線時，通常要看半年到一年，以能觀察到一年內重要的股價形態、支撐、壓力、異常量價為佳，因為通常一年內的籌碼都還是有一些影響性，久一點之前的籌碼，比如二、三年前的套牢量，雖然還有一些影響，但隨著時間推移，內外在環境已有所不同，籌碼逐漸沉澱換手，影響力會式微。

K線圖要怎麼看

　　每個投資人都會以自己的感覺、技巧與經驗去看圖，即使是同一張K線圖，有人覺得要買，有人卻覺得要賣，K線圖到底要怎麼看才對呢？有人用K線組合理論，紅三兵、黑三兵、晨星、墓碑……等等幾十種K棒組合來判斷，這樣的方法不行嗎？其實沒有什麼方法是不好的，只要有用，用起來準確度高，就是好方法。

　　以船長二十多年累積的經驗來說，結構、形態及量價像是一棵樹的骨幹與分枝，K棒組合則像是末端的樹葉，只看樹葉或許可以看出樹的品種，進而猜測這種樹一般會有多高。但若要看清一棵樹真正的品種與長相，恐怕還是要看到全貌才行。K線圖也是一樣，只看幾根K棒組合，就想猜出K線的長相，失準率恐怕不低。但若由結構、形態與量價開始看起，對未來K線的走勢做判斷，成功率會高一些。

▌ 多空結構

　　人有生命週期，在不同年紀階段，該做什麼事，似乎大致上會有些相近；企業也有生命週期，在不同的成長階段，有不同的應對策略；產業景氣也有週期，新產品、庫存調整、市場競爭者……等等複雜的因素，最終會讓產業景氣有高低起伏；若股價走勢會反應基本面，那隨著產業景氣出現多空循環的結構，也就是自然不過的事了。

每一檔股票的K線圖長得都不一樣，但反應基本面的週期，會對應出該有的股價循環位置，並可簡單區分出5種多空結構，分別是底部、上漲期、整理期、頭部、下跌期。這雖然只是概分法，但卻十分有用。

1. 在下跌接近底部區時加碼是價值型投資者的最愛，對波段投資者來說，卻顯得沒有效率，應該是要等到完成底部時再出手；

2. 在上漲期做空股票，是逆勢而為，一定被軋得吱吱叫，看全市場在賺，只有自己在賠；但若是此時順勢做多，就事半功倍，收獲豐碩；

3. 在上漲過程中的整理區，操作空間不大，其實應放掉整理期的操作，專注等待突破時的機會，但此時很容易讓短線交易者失去耐心而退場，是籌碼中繼換手的時刻。股價整理是在等待確認基本面是否持續下去，若確認了，便會出現另一波的上漲；

4. 在頭部區通常是大量的階段，表示產業景氣如日中天，市場投資人十分熱衷於交易短期的利潤，但忽視日中則昃的週期性風險，市場上只有好消息沒有壞消息。一般投資人大買，但主力大戶卻是站在默默減碼的一方，使股價震盪變大，此時最大的危險是手中的部位不斷放大；

5. 在下跌段做多股票是散戶的最痛，因為都在等頭部區持股的解套，但即使股價出現反彈，大多也只是少賠一點。捨得停損出場的人少，最終是越套越深，在低檔區才黯然離場，短線投資人的賣壓消化，才會逐漸築出下一個底部。通常築底過程要很長，反應基本面需要調整期，等待下一次的景氣復甦，也在等待籌碼完全沉澱。

下跌段裡也會有中繼整理期，是短期跌深的反彈波，此時很容易將反彈誤認為回升，造成另一波套牢。

我們在看多空結構時，用週K線是最適合的時間週期，最能合理反應出產業景氣狀況。多空結構用目視法就可以大略看出來，比較容易出現混淆的是如何確認整理區與頭部區。基本上二者最大的差別是：整理區的量會快速的沉澱下來，呈現穩定的量縮；而頭部區因利多仍在，有時股價還會創新高（但常是假突破），因此市場的量能會比較大，或者偶爾會突然放出很大的成交量，此時通常是散戶進場而主力趁機減碼。

另一個輔助方法是找出有意義的支撐點，以及觀察法人或主力的籌碼變化。當跌破支撐時，就可先判定為頭部，除非後來又再度收復支撐，再修正回來。當法人或主力賣得比較用力時，成為頭部的機率也會提高。賣得用不用力是跟前面的買超相比，連續性的賣出前面的買進籌碼時，就是看法已翻多為空，就有較大機率變成頭部。股價分析沒有絕對的，但我們要選擇機率大的那一邊來操作，並在機率小的那一邊設定停損點。

要特別提醒一點，在判讀多空結構時，看出大方向比較重要。實務中出現標準長相的K線圖其實不多，基本上大多是變形的形態，但只要能看出多頭或空頭，並不用執著於教科書上的特定長相，有點無招勝有招的味道。

由金居的週K線可以看到股價的標準多空循環結構，由整理非常久的底部區起漲，上漲一段後進入整理，再續漲一段後，開始在

圖3-8 金居的多空結構循環圖

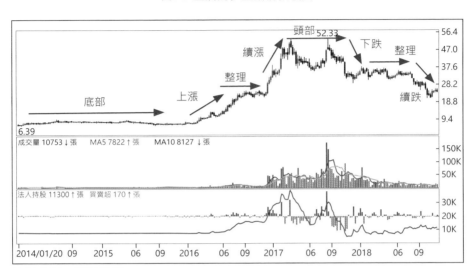

資料來源：群益證券

高檔震盪出頭部，完成頭部先下跌一波，經過中繼整理後，跌破支撐後，再續跌一段，完成一次的多空循環。這是比較標準的多空結構，讀者看了會比較清楚，但每一檔股票或者同一檔股票的每一次多空循環結構都不同，抓到大方向最重要。

我們用聚陽的週K線來看二張不同時期的表現，圖3-9為上漲過程中的中繼整理，在整理過程中未見突然性的爆大量，呈現穩定的沉澱與換手。三大法人前面大買一波後，在整理期僅小幅調節，不是大部位的減碼，在整理半年多後，確認基本面仍強勁，買盤重新湧入後，股價突破整理區，再大漲一波。以波段投資人來說，突破中繼整理區的壓力時是最好的切入點，不用空等前面半年多的區間盤，雖然不是買在最低點，但卻最有效率，進場後就直接展開上漲波段。

圖3-9 聚陽週K線：中繼整理

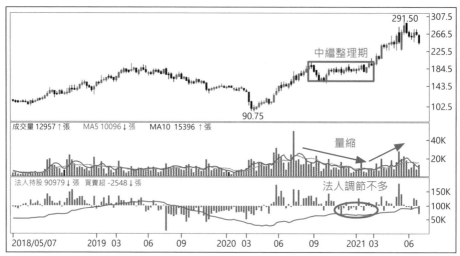

資料來源：群益證券

圖3-10 聚陽週K線：頭部

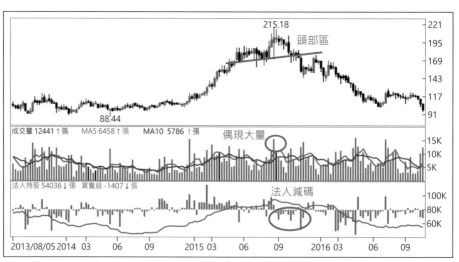

資料來源：群益證券

圖3-10則是另一個時期的聚陽股價，原先不確定是整理期或頭部區，但整理過程中，偶有利多出現時，股價曾爆大量上漲，然而不久後又跌破大漲時的低點，形成假突破，是轉弱或轉入整理的訊號。此時有很大機率是頭部，應要先部分減碼，待跌破頸線支撐時，便可確認是頭部而非整理區，手上的多單應要全數出場。若從籌碼的角度，也可以看到法人在頭部區的賣壓是連續且大量的，意味看法已偏保守。

二段期間裡，聚陽的股價都是上漲一倍後休息，但一個整理後再上，一個卻變成頭部，看起來有點不好預測，可是透過多空結構的判斷，會有助於我們抓住上漲的機會，避開大修正的風險。

▌ 常見的形態與異常量價

很多技術分析的投資書籍裡都會談股價形態，形態可以應用各種週期下的K線圖。依經驗，的確有一些常見的股價形態，但實務上並非每個都是標準的形態，而且非標準形態的K線圖還是佔大多數。我們在判讀時不可拘泥於形態上的絕對標準，形態無論怎麼變形，只要是能找到支撐與壓力，其傳達多空力量的核心精神就在，都還是可以拿來運用的。

▣ 定義股價形態前，要先學會畫線

股價形態，顧名思義就是股價有一個可辨識的長相，所以，要先弄清楚如何描繪出它的外型，在K線上的線畫好了，形態的外型就會浮現。有人或許會問，畫線的意義是什麼？感覺似乎沒什麼依據？

線有兩種：頸線及趨勢線。前者接近水平，表現支撐及壓力的所在。後者角度大小不一，表現股價發展的方向，但較不具有支撐及壓力的意義。

先說頸線。股價之所以會出現形態，主要就是在某一個價格區間內，買進的人跟賣出的人力量差不多，漲到某個高點時，賣方覺得夠高了，賣出的力量就湧出，使股價無法再往上推進；跌到某個低點時，買方覺得有吸引力，進而較積極的買入，形成支撐的力量。畫線的意義就是解讀出區間的壓力或支撐，讓我們一眼便能辨別目前多空力量是否出現突破性的改變。

底部區、整理區、頭部區都可能出現特定的股價形態。

底部區是否改變，要看頸線壓力能否突破，沒有突破，底部就沒有完成；頭部區會不會改變，要看頸線支撐有沒有被跌破，沒有跌破，頭部就沒有成形；整理區則處於上漲或下跌的中繼站，若是往上突破，在多方架構中就是續漲的開始，在空方架構中，跌一段後進入整理，則有止跌形成底部的可能；若是往下跌破整理區，在多方架構中就是整理失敗變成頭部，在空方架構裡則可能是另一段跌幅的開始。

一旦有價格意義的支撐或壓力被突破，就是多空雙方力量出現決定性的此消彼長。支撐與壓力是技術分析中最重要的參考指標，也可以說是整個關鍵價投資術的核心，畫線是協助找到支撐與壓力的工具，所以很重要！

實務上，畫線時應在上述的6至12個月的日K線中，找不同整理區間中最有意義的高、低點、壓力以及支撐，然後再去做適當的連線。頸線的畫法可能有不止一種連線的選擇，當出現多條線可選擇時，選擇的原則是：

1. 區間高檔出現的K棒，可串連起最多根K棒的那一條線為優先。因為能串連越多根，代表挑戰高點失敗次數越多，此處就是有效的壓力區。相反地，在區間低檔區，也是以可串連最多根K棒的那一條為優先，能串連的越多，越是有效的支撐區。

2. 取樣區間高檔的K棒時，以K棒的實體部分高點為優先，但若上影線高點能串連較多根K棒時，就採用上影線的高點。實體部分高點之所以較優先，因實體部分是開盤或收盤所留下的交易紀錄，開盤及收盤都是集合競價下的成交價，因此都是大量區，所以代表性大一點。相反地，取樣區間低檔的K棒也是以實體部分的低點為優先，因為是開收盤的大量區，但若下影線低點能串起較多K棒時，就採用下影線的低點。

3. 頸線至少要有二個或二個以上價差不大的點所串連，單個點畫出來的不是頸線，因為只有一個價格時，沒有經過測試，成為有效壓力的說服力較低。有時頸線並非水平線，其傾斜角度只要不大就還可以接受，以一般K線圖的尺度來看，不宜超過水平線20度以上。底部區的頸線比較常見的是水平線或是略微往下傾斜的直線，頭部區的頸線則是水平或是略微往上傾斜的直線。偶爾才會出現一些少數的例外，呈現反向的傾斜。斜率若是太大，表示所有串接點的價差太大，就失去價格的參考性。

4. 畫線時不能在線中間出現突出的實體K棒，畫壓力線時，線之上不可出現高於壓力線的實體K棒；同樣的，畫支撐線時，也不能在支撐線下方還突出別的實體K棒低點。但若是上影線或下影線就沒有關係，因為通常不是大量成交區。

至於趨勢線，比如在上漲波段的過程中，串連每次回檔的低點，畫出一條傾斜角度很大的向上直線，這條線的意義是表達股價呈現向上的趨勢，但這條趨勢線本身沒有支撐作用，有些人會誤以為是支撐線，靠近時買進，跌破時翻空，這是一種誤解。

燁輝上漲一段後，在9至11月間出現區間整理，壓力線按原則來畫的話，如線1所示，正好是接近水平線，串連起的K棒最多，即使有二根K棒的上影線稍微突出在線1之上，但上影線是允許超過的；下方支撐則由數K棒串起線2。燁輝在整理2個月後，出現一根長紅棒突破線1壓力，離開了這個區間，就展開上漲波段，往下個區間前進。這裡可以留意突破線1的長紅棒是帶大量的，且前幾日法人已開始布局，這樣成功的機率就會增加很多。

■ 底部、頭部及整理區常見的形態

標準形態就像是BTS的田柾國或Twice的周子瑜，有完美的外型，但並非一定要長得像田柾國或周子瑜才能算是男人或女人，只要能辨別出來就可以，股價形態也是。只要能找到有意義的價格，畫得出支撐或壓力線，就可以有參考性。

底部常見的形態有頭肩底、W底、箱型、碗形底……。

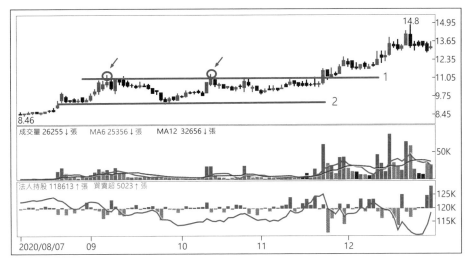

圖3-11 燁輝中繼整理區的支撐與壓力線

資料來源：群益證券

頭部常見的形態有頭肩頂、M頭、箱型、圓弧頭⋯⋯。

整理區常見的形態有箱型、收斂形態、上升或下降旗形⋯⋯。

再強調一次，實務裡完全符合上述標準形態的K線圖，其實只佔一部分，大部分的K線形態都是變形版的形態，所以上面的名詞不重要，也不用記，只要知道頭部、底部及整理區三種就可以。不用太拘泥於標準長相，最重要的是要找出支撐與壓力，那才是影響股價走勢的關鍵點。

圖3-12 標準底部形態

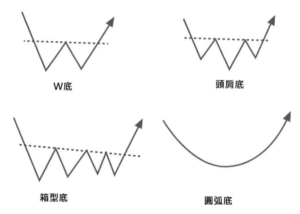

W底　　　　　　　　頭肩底

箱型底　　　　　　　圓弧底

資料來源：船長

圖3-13 標準頭部形態

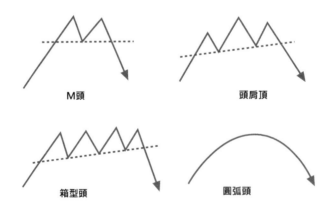

M頭　　　　　　　　頭肩頂

箱型頭　　　　　　　圓弧頭

資料來源：船長

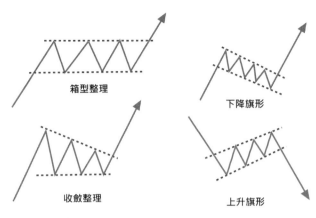

圖3-14 標準整理形態

箱型整理

收斂整理

下降旗形

上升旗形

資料來源：船長

　　讀者可能會問，頭部、底部及整理三種形態都是在特定區間內的股價形態，那除了這三種形態，其他的形態怎沒說明呢？有句話形容喜歡喝咖啡的人，會說：「我不是在咖啡廳，就是在往咖啡廳的路上。」

　　股價不是在形態的區間裡，就是在往下個形態的區間的路上！也就是正在上漲或是正在下跌，我們的焦點應該要放在形態區間是否被突破或跌破，一旦開始上漲或下跌，只要在一路上留意有沒有出現反轉的現象就可以。至於下個形態區間是底部、頭部或整理區？則要看個別股價K線的多空架構而定。

　　股價之所以在某個價位區會有支撐，除了接近主力想買的價位，因此有買盤外，對一般投資人也會有一種「錨定效應」。假如有一檔股票從90元漲到100元後，進入橫盤整理，然後再急漲到120元，當股價回檔到100元時，投資人會認為當初100元沒買到很扼

腕，看著股價由100元漲上去，因此再回來100元，就是老天爺給的二次機會。100元就是心中錨定的便宜價，因此除了主力之外，也會有一般投資人共襄盛舉，便自然形成支撐。

創意股價在8至11月初進行狹幅整理，突破壓力線3後，就像走出了門，變成在往咖啡廳的路上，直到下個整理區間出現才會休息喝咖啡。股價在12月中曾出現小幅的假跌破支撐，但隔天收盤又重新站回支撐之上，代表主力有心在照顧股價，不願讓它破線變成頭部，否則可能會引動市場的賣壓。這個假跌破並沒有出大量，代表是意外的跌破，不是真的有大咖砍出來，通常再重新站上支撐後，股價就會止穩，並有機會重新挑戰壓力區。一週之後，股價突破壓力線2，展開新一波上漲，然後又進入另一段區間整理，區間的支撐若守穩，就是等待下一個突破。一個月後，突破壓力線1，又展開另一波上漲，不過因為已經上漲三波，到第三波的力道就減弱了些，在右上角最高檔附近，連續二根長上影線，代表獲利了結賣壓可能開始浮現。

我們再看同一檔股票創意，在2018年的股價走勢，看起來左上右下，是走空的架構。不過左側並沒有出現一個標準的頭部形態，屬於實務中比較常見到的變形版，但只要能抓出支撐與壓力，就是一張好的K線圖。上檔的壓力比較清楚，二次上漲的高點串連起來，形成壓力線1。因為二度挑戰失敗，這個價位區就變成實質壓力，下檔則在4月到9月間多次測試支撐，形成線2的支撐線（傾斜幅度不大，可視為支撐線）。大致上是一個收斂形態的箱型區間，9月底跌破線2後，頭部正式完成，展開大幅度的修正波。若在破線2，也

圖3-15 創意日K線三段式的上漲過程

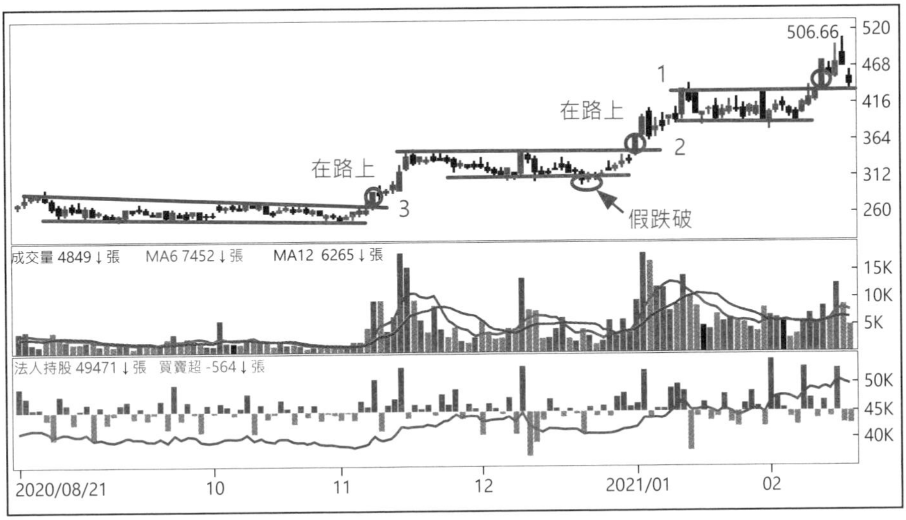

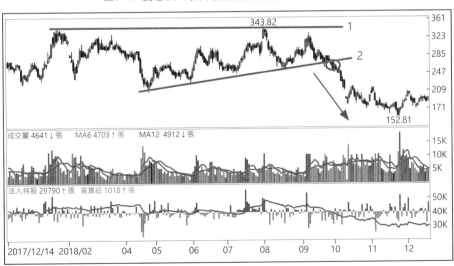

資料來源：群益證券

圖3-16 創意日K線跌破頸線支撐後進入空頭修正

資料來源：群益證券

就是頭部完成時，能及時停損，就可以避開一大段的損失。辨識出頭部能讓我們在空頭市場中全身而退，或者可以在有限的損失內退場。此時若只看基本面，恐怕還看不出要砍出的理由，技術分析卻已提出警訊，這是技術分析的價值。

■ 以異常量價找出壓力或支撐

日據時代，宜蘭太平山的檜木成為運回日本的重要建築材料，因此在羅東一帶形成一個木工廠的聚落，這樣的木工經濟到民國六十年代在宜蘭都還很繁榮。我父親從年輕到老都在木工廠工作，聽父親說，進木工廠的是原木，但出去的要經過處理，成為適合各種應用的板材，才能出口或送到全省各地，但要如何處理呢？首先要由一個經驗最老道的工頭做出一個大的判斷，看這根原本適合做什麼用途，這個工作叫大剖，是最重要的工作。大剖錯了，可能一根良木就只能以小板材廉售，質地好的可以保留較大的原始形態，質地不完美的就要切割成更小的木板或木條，做一些更適合的細工分類，因此會由大而小的切割，做最好的解剖。

若是應用到股價上，週K線的多空結構像是一根原木，一眼只能看出大概。細部好不好，需要進一步的解剖，可以先看週K線圖，確認目前的股價是處於多頭或是空頭架構，辨別出是良木或普通木材。再來就可以用日K線來進一步剖析，找出底部、頭部及中繼整理三種形態是否存在於K線圖裡，接著更細的分解是找K線圖裡其他適合切割的點。除了有形態的位置外，還有另一個地方也可以當成切割的點，那就是K線圖裡的異常量價，一般人對這個不起眼的東西可

能根本沒在意過，但對我們解讀K線圖卻很有幫助。

股價呈現區間形態時，是買、賣雙方力量接近，而在某個區間內呈現拉鋸的現象。基本上形態規模越大，時間越久，出現突破壓力或支撐時，累積的力量及波段行情會越大。當找不到近一點的支撐或壓力線時，有時只需看一根K棒就有很大的作用，那就是異常量價。什麼是異常量價？大體而言，這是指K線圖上出現一根特別突出的大量，並伴隨長上下影線、十字線、長紅棒、長黑棒等K線形態。

異常量價具三個特性：

1. 異常量：要多大的量才算異常量？每檔股票不同，沒有絕對標準，以K線圖來看，跟附近區域的成交量相比，突然出現一、二根特別顯眼的大量。在半年到一年的區間內，屬於排得上名的前幾大成交量，就可以算是異常量。觀察期間若是抓太短，絕對量不一定是真大量，也許前面還有許多更大的量；期間若抓太長，前面的量價可能跟現在的關連性又不大，參考性較低，因此異常量價可以說較適合運用在短、中期，通常在半年到一年內。

2. 異常價：出現異常大量時，當天價格波動區間可能也會比較大，通常K棒可能帶著很長的上影線、下影線、十字線、長紅棒或者是長黑棒，代表多、空雙方在這一天之內經過一番激烈的角力。若是形成上、下影線比較長的K棒，勝負未必當天就見分曉，可能要等幾天；若是一根長紅，就比較容易看得出來，是多方勝出；若是一根長黑，則是空方佔上風。

3. 接下來的走勢才是最重要的，若是多方勝出，異常量價的低點會形成支撐，未來一段不太短的期間內，支撐都有效，甚

至可能是另一波上漲的起點；若是空方勝出，異常量價的高點會形成壓力，未來一段不太短的期間內，壓力都有效，甚至會進入一段修正期。有時在異常量價出現後，還會醞釀一下，過了幾天後才看得出來方向。當異常量價出現後，股價往下走，當時的大量就可當成是出貨量，看到這訊號，多單要保守以對；當異常量價出現後，開始展開上漲波段，那當時的大量就是進貨量，可以順著趨勢偏多操作。

異常量價若發生在底部區，屬於進貨量的機率較大，不久之後可能有突破，底部爆大量，股價後市變漂亮。

異常量價本身就是發生在突破壓力當天，當天的低點就變支撐；發生在高檔區時，則不一定，有可能是頭部出貨量，也有可能是中繼整理的換手量，需要觀察幾天。

整理區間走到末段時，最喜歡看到異常量價，因為可以很快就知道突破的方向是往上或往下，搭配籌碼來觀察會更準確，若法人及大戶籌碼集中化，展開新一波上漲的機率就比較高；若法人及大戶站在調節方，那異常量變成出貨量，日後往下走的風險就比較大。

還有一種情形，異常量價發生在股價已經大漲一大段後，股價雖然在異常量價後，下跌了幾天，但卻沒有走弱或翻空，沒多久後繼續上漲並續創新高，這是主力的第一次出貨。雖然一度造成壓力，看起來要回檔或回跌，但基本面或者題材對一般投資人來說，仍看不到什麼利空。前面一路做多都對，因此短期的回檔仍捨不得離開，通常發生在景氣趨勢大好的產業，股價出大量，短期雖跌破大量之低點，但整理一段後再度轉強，突破整理區之壓力，市場資金重新聚集，股價還會續漲一段，這個異常大量可視為中繼整理的開

始，但不是整個上漲波段的結束，此時我們應該把部位重新買回來。

異常量價雖然一年內可能才出現一、二次，每檔股票不一定，但大部分的K線圖都可以找到，比起找到標準股價形態，要容易得多，是觀察市場主力動向的指標。解讀起來簡單而有用，是船長常使用到的判讀工具，運用時只要提防假突破或假跌破出現就可以。解讀出方向後，記得在反轉的地方設定停損點。

我們來看幾個例子：

景碩股價在6月之前呈現區間波動，上去一波又下來一波，但在6月初時出現一根異常量，與前面的成交量相比，明顯的突出，且出現的前幾日，法人站在買方，因此這根異常量價K棒有轉強的可能。不過之後幾天，景碩股價並沒有上漲，而是再度回測異常K棒的低點，也就是線2（異常量K線的最底價），雖然盤中似有小幅跌破，但收盤仍在支撐線2之上。支撐經測試有效後，股價開始轉強，先是站上線1，也就是異常量價K棒高點之上，稍微整理後，又再上漲一波。此處若只看異常量突破前高又走弱，會誤以為突破失敗，但事實上支撐是在線2。只要線2沒破，就是維持偏多，異常量價是進貨量。

玉晶光在9至11月期間，股價自7月高點回檔下來後，有築底的跡象。在11月底時出現異常量價，以一根長紅突破近期的高點壓力，是完成箱形底部的態勢，誰料隔天起，就再也沒有站上異常量價的高點之上，並在12月上旬跌破異常量價的低點，也就是線1，可以視為跌破異常量價的支撐，用另一個股價的解讀法叫做假突破，是轉弱訊號。意即那天的大量很可能就是出貨量，股價回檔到線2

圖3-17 景碩日K線出現異常量價後啟動上漲

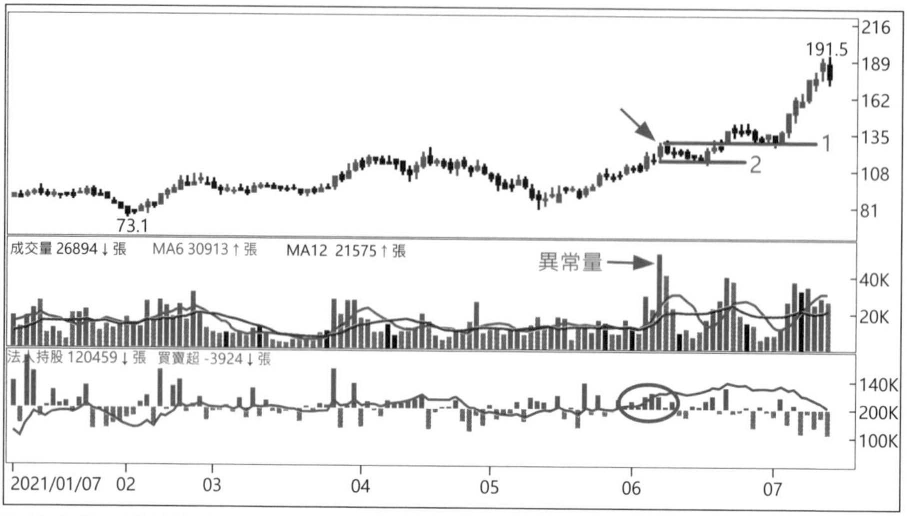

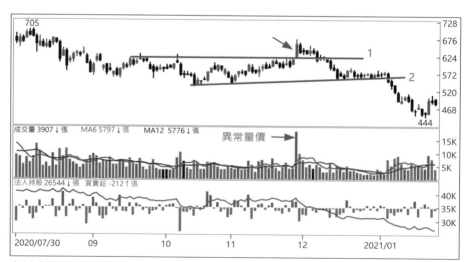

資料來源：群益證券

圖3-18 玉晶光日K線出現異常量價後轉弱翻空

資料來源：群益證券

後，開始有一些抵抗力，進入橫盤，但1月上旬，連續出量後，再度破底，進行下一波修正。其實在12月上旬時，法人的籌碼就明顯的站在連續的賣方，更加確認線1之上已是壓力區。在本例中，異常量價是主力趁新聞利多大漲時，大力出貨的結果。

友達在12月上旬出現上漲以來的第一次異常量價1，代表短期有獲利了結賣壓，進入中繼整理期，整理2個月後又出現另一個異常量價，並突破整理區的壓力線，資金重新集結，第二次的異常量就是進貨量，因為大量之後，開始上攻。我們可以看到，在中繼整理過程，雖然跌破第一次異常量的低點，但並沒有翻空，尤其法人的籌碼沒有明顯散出，代表對後市仍有期待，這樣的異常大量有短期壓力的指標性，雖然回檔幅度不大，但不一定要在整理期空等，也可以在1月底的突破點出現時，重新進場即可。

圖3-19 友達日K線異常量價後，續漲一波

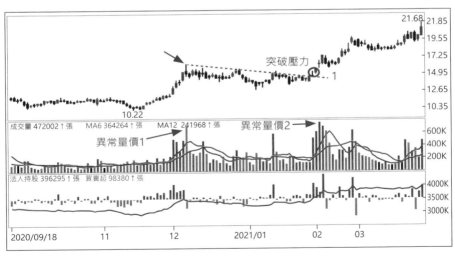

資料來源：群益證券

二個進場的關鍵價：B點及N點

在整個K線圖裡，股價的走勢看似變化多端難以預測，但經過多空結構判別、股價形態及異常量價分析後，會發現其實只有幾個價位是代表支撐與壓力的關鍵價位，我們只要掌握到關鍵價，就可以看清多、空雙方力量的消長，投資時順勢而為，在關鍵價出現時出手，成功率便會有所提升。

▌ 關鍵價，也像極了愛情？

2020年網路曾流行一句接龍遊戲，不論是什麼句子，只要後面加一句：「像極了愛情」，整個句子瞬間有深度起來，因為愛情就是這樣多變。不管酸甜苦辣，淡定激情，全都可以用來形容愛情，比如：今天好多股票亮燈漲停慶祝，但都跟我無關，像極了愛情。

有一群年輕人，都是大學同學也是好朋友，平時一起上課，下課或假日也會一起出去玩。其中有一個叫小婷，外表雖然不是特別突出，但個性溫柔可人，單身中。另外有一個叫小林同學，也是單身，大家平時打打鬧鬧，都當成朋友一樣對待，沒有特別感覺。小婷成績比較好，每次考試時，小婷都會主動把自己的筆記給成績較差的小林同學複習，不過小林同學考完試，也都會請小婷去吃飯以為報答。有一天，也是照慣例的請吃飯，小婷穿得特別好看，用完餐後，突然問小林同學：「我們要不要在一起？」原來小婷對小林

同學體貼溫暖的個性所吸引，早就有好感，每次主動拿筆記給他準備考試時，其實都有一點暗示的味道。今晚突然的表白，小林同學雖然感到驚訝，但他對小婷印象也不差，於是點頭說：「可以試試看」，於是二人就開始交往⋯⋯

講這段跟股票有什麼關係呢？股價是由買方跟賣方的交易所組成，正常的狀況下，當買、賣雙方力量差不多時，股價會在一個區間裡波動，但當買方一直買，買到一定程度時就會發生改變，什麼程度呢？短期間想賣的人已被買得差不多，若買方再買，就很容易形成主導股價的一方，股價會突破區間壓力，開始往上漲，這個突破點（Breakout），取其字母可稱為B點，是一個重要的買進關鍵價。

B點就是告白的時刻，成功的話有慶祝行情，失敗就領好人卡回家蹲著。

若對應到上面的故事，小婷平時主動將自己的筆記借給小林同學，就相當於買方在累積持有的籌碼。在那天的晚餐上，小婷告白，表示已經累積夠多的好感與勇氣，是一個好時機，這就是一個突破B點，告白若成功，二人就在一起，B點突破成功股價轉強，會展開波段上漲；若告白失敗，二人就會回到小尷尬的同學關係，股價B點突破失敗就是假突破，一旦假突破就得整理或回檔，直到整理時間夠久了，才有機會再轉強。

偶爾有一種情形是看似假突破，跌回突破點之下，但很快又再度站上突破點，第二次再站上時，通常是成功率更高的二次B點突破，是可以做多的訊號，這樣的回馬槍有另一種說法是洗盤。對比二人的故事，就是小林同學聽到告白後，說讓我回家考慮一下，等

到隔二天後，小林同學答應小婷告白的時候，就是真的想在一起了，對應到股價上，就是漲真的。

二人交往後，剛開始時的熱戀甜蜜讓人好羨慕，不過在一起一段時間後，有時也會覺得自己都在付出跟配合，壓抑自己太久，也需要宣洩情緒，於是有時會吵架，吵到後來說要分手，但雙方在分開並冷靜幾天後，又決定和好了，二人就這樣進入愛情第二階段，可以走更遠的續集。

股價在突破B點出現後，通常會先上漲一段，然後會有獲利了結的賣壓出現。若是賣壓大，可能會逐漸形成頭部形態，股價轉弱跌破頸線支撐後，就會進入下跌段，像是故事裡的二人，因了解而分手一樣，只能是無言的結局。但股價若只是稍微回檔後，就開始浮現支撐，就像二人心裡還有彼此，不願真的分手，股價區間整理一旦結束，再出現一個B點時，就有機會展開另一波上漲，整理或回檔時的支撐也可以稱為頸線（Neck Line），或者可以簡稱為N點，是一個重要的進場關鍵價。

B點突破後，有很多股票會回測一次頸線支撐，這個也算是N點，亦是買進訊號。關鍵價就是告白時刻，成功了在一起，失敗了領好人卡，是不是也像極了愛情？

我們來看四個不同的例子：

【例1】

乙盛KY經過了7至11月初約4個月的箱型整理，一直在線3及線

4之間徘徊，11月上旬多方告白，出現B點突破，整理時間夠久，量價齊揚後，成功的機率比較高，果然突破線3後沒有再回測N點，而是直接上攻，到12月上旬，多空雙方吵架進入整理期，但始終在線1及線2之間，線2可視為N點支撐，若是跌破，二人就分手，要是守穩，二人還有繼續交往的機會，到了12月底，多空雙方和好如初，再度出現B點，展開新的上漲旅程。在11月上旬B點之後，成交量持續保持熱度，明顯比整理期增溫，這是多頭上攻的必要能量，有人氣才有錢來推升，12月第二個整理期的價格波動幅度小，且三大法人沒有什麼減碼，籌碼面尚穩定，因此一旦出現B點時，再攻一波的機率就很大，這是在反應鴻海集團成立電動車MIH平台下的未來願景，乙盛在其中扮演汽車架構輕量化的角色，獲得市場的認同。

圖3-20 乙盛日K線：成功的告白B點

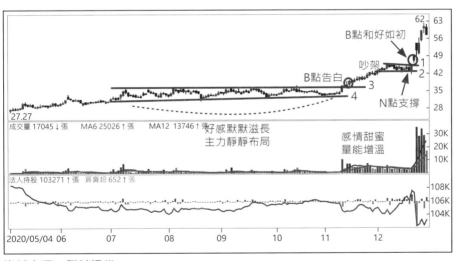

資料來源：群益證券

【例2】

雙鴻2020年7至11月初呈現箱型整理，有儲備能量待變的味道，11月進入中旬時，出現一根罕見的長紅K棒，且帶著異常大的成交量能，一般若整理得夠久，B點突破時就不需要太大的異常量，雙鴻的這個B點告白時刻因為量能太大，需要觀察一下，可能會有回測頸線的N點，但沒想到是領了好人卡，3天之後，回測頸線1失敗，N點沒有支撐，形成假突破。通常出現假突破時，我們要先當成轉弱，不是回檔就是整理，若是手上在B點介入，或是N點低接的，全都要停損出場，因為我們不確定何時會止穩。假突破的頸線1形成壓力區，2021年1月曾想再度告白，但還沒開口就被打槍，線1仍為有效壓力區，因此回測下一個支撐的機率就變大，回檔到線2後，轉為橫盤整理，若能一直守住線2，或許還有機會再嘗試攻一次，但可惜的是4月中旬股價跌破線2，形成一個向下的B點。所謂B點是突破點，有向上的，當然也有向下的，這裡是向下突破的B點，因此連朋友都沒得做，空方跌到心情的谷底才止跌，這是在反應散熱族群競爭變激烈，且材料成本上升，是一次告白失敗的B點及N點支撐。

【例3】

順德在2021年1至6月初呈現箱型整理，不過從4月開始，三大法人出現持續性的加碼，一直到6月上旬，出現異常量且是一個突破的B點，搭配籌碼來看，告白成功的機率不小，但隔天卻出現一根長黑，不但跌破前一天的低點，甚至還跌落頸線之下，變成假突破，是轉弱訊號。原因可能是當天量能爆得太大，表示有很多短線客夾

圖3-21 雙鴻日K線：失敗B點及N點

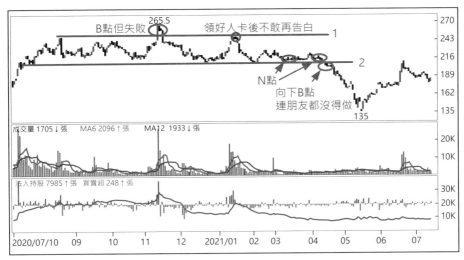

資料來源：群益證券

圖3-22 順德日K線：成功的二度B點突破

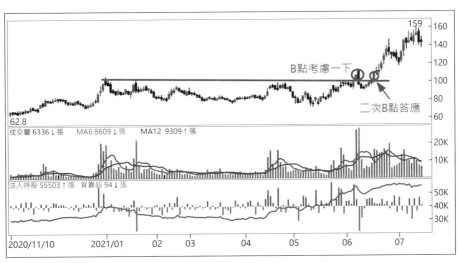

資料來源：群益證券

雜其中，市場很多當沖或隔日沖的投資人，看到轉強就會順勢進場沖一波。但回檔後幾天內沒有持續破底，量縮整理後止穩，6月中旬再度出現B點，可以想像第一次告白時，對方沒有直接拒絕，而是說考慮一下，想過之後答應了，所以二次B點的成功率會高一些，這次的量能就平順很多，呈現溫和的量增，是穩定的量，這是車用電子族群業績展望轉強的時刻，也是一次二度B點的成功告白。我們會在假突破時先停損出場，但第二次的B點出現時，又該勇於追進。

【例4】

精材股價在2021年6月上旬完成一個底部形態，出現B點突破壓力區，但到7月初之前，並沒有直接上攻，反而轉弱出現回檔，再測試一次頸線支撐的有效性，此時亦可視為N點。通常回測N點是要量縮的，代表不是主力在賣出，有測試過的支撐，可信度也會提高，此

圖3-23 精材的日K線，成功的B點及N點

資料來源：群益證券

時賣出來的大多是散戶，不耐久盤或者短期漲一段後的獲利了結出場，對股價的傷害比較小，重新凝聚力量後，就有再創新高的動能。

一張K線圖裡其實只有幾個價格是關鍵價，是值得出手的B點、N點及停損點，其他時間都不用動，讓它漂來漂去即可。我們每天看到非常多的新聞訊息、研究報告或社群討論，都不知要如何判斷是真或假，也不知算不算實質的利多或利空，可以用一個簡單的方法來判斷：只要新聞或報告出來，沒有創造出關鍵價，那些訊息可能都只是無關緊要的浮雲而已！

到這裡，讀者是否已開始將前面章節談到的基本面與本章討論到的股價技術分析做了一種連結？真正重要的巨大變化，才會在K線圖上留下代表多空消長的關鍵價，其他無法影響或改變股價結構的訊息，只是舊趨勢的延續，其實都可以簡化掉。

有些投資的初學者常在聽到明牌或看到新聞時，就馬上出手追高，很怕沒跟到飆股，完全不管位階或股價是否已大幅反應，但介入點若是錯了，後面就是一連串的套牢與煎熬。最好的買點是B點跟N點，因為下方不遠處就是支撐區，其他離支撐很遠的價位，一旦出現大一點的回檔，馬上就會讓人感受到懊悔與恐懼，因此就算沒有砍在低點，等好不容易上漲，浮出水面時，卻又很快的出脫，慶幸解套，但此時往往是轉強點，反而很容易錯過真正的波段上漲行情。因此，買點決定波段交易的成敗，買在支撐區才抱得住股票，我們要儘量等B點及N點區出現時才介入。

B點很明確，突破區間壓力線的那根K棒就是。出現B點時要果

決進場，不用猶豫，因為一檔的股票B點不是很常出現，一定是在區間整理一段時間後才會有。一旦出現就要把握，股價不會常常在告白，一旦告白就可能是轉折點，承受小機率的失敗是可以接受的，失敗就領好人卡回家，停損出場而已，但更大的可能是波段的起漲點，考量預期報酬率，B點一出現就要把握。

B點有幾個特性：

1. B點越有氣勢，成功的機率就越大，比如長紅或跳空上漲式的突破就很有氣勢，除非是一些隔日沖的主力進來攪和，否則成功機率不低；反過來，若是留著長上影線，或是中長黑K棒，失敗的機率就會高一些，因逢高就有賣盤偷跑。

2. B點一定要帶量突破才代表人氣匯萃，題材比較容易炒熱，但若爆出歷史天量，失敗的機率反而會提高。因為理論上在區間籌碼沉澱完，才會出現突破，需要量增，但不能爆天量，否則就是籌碼還沒整理乾淨，反而有人趁拉高出貨，若是遇到這種情形，未來一、二天很重要，若很快又翻回壓力線之下，形成假突破就要快跑。若B點沒有量增，很可能只是當天不小心跟著大盤一起漲，隔二天可能又會回到原點。

3. 錯過B點的第一根時，若B點是漲停板，表示買盤很強，可以檢視三大法人是否站在買方，若籌碼是法人大戶集中化，那隔天進場還不算太晚，不過要提防未來出現回測的N點，因此進場就必須是分批布局的方式；若B點沒有氣勢，那很有機會出現回測支撐的N點，可以等待一下，至少出現震盪的相對低檔時再出手。

至於N點，也有幾個特性：

1. N點出現的次數比B點多，沒有那麼罕見，N點不用追高，以近支撐時低接為主。

2. 若N點是接在氣勢強的B點後面，股價就算回測支撐，也不會回到頸線那麼深，此時N點就可以稍微放寬一點，我們叫作N點區。一個可接受的區域即可，不是剛突破的那個價位，如何設定這個N點區呢？以停損點為基準，看自己能容忍多少的損失，比如可以接受5%的停損，那就從停損點加價5%來當成N點區，否則設得太低，價位來不了，也沒有意義；若是氣勢沒那麼強的B點，後面等的N點就可以稍有耐心，可以設定在離支撐近一點的位置來低接。

3. 若是在區間整理的N點，可以設定在比較接近支撐區的位置。一般N點支撐要經過二次以上的測試，才會比較有可信度，因股價還在區間裡換手沉澱籌碼，數次回測支撐是有可能的。

我們小結一下，投資股票不用買最低、賣最高，而是要在有效率而且相對安全的位置出手。有二個適合出手的關鍵價，分別是B點及N點（區），當股價突破區間壓力時叫B點（空頭架構則為向下B點），回測頸線支撐時是N點（空頭架構下N點則為壓力區），或區間整理時的低檔支撐也是N點。B點及N點關鍵價的下方都是支撐，雖然不是百分之百有效，但成功率蠻高的，是最有效率且能控制風險的出手機會。當我們找到主流股後，若能有耐心等到這樣的關鍵價出現時再出手，將會是輸少贏多。

沒有停損點就沒有進場點

投資上常會遇到一個狀況：好不容易看對一檔股票，明明本來想做波段投資，但在漲一小段時，稍微一震盪，就被市場洗掉，望著股價揚長而去，空留遺憾；當決心要好好抱波段時，卻又開始套牢，不甘心不捨得砍掉，悔不當初，不少初學者都會遇過這樣的糾結，到底問題出在哪？

根本的問題有二個：一是買點錯了，二停損點錯了，因此股價一有波動，人心難免浮動，交易也就跟著亂了。那要怎麼處理呢？

▌先有停損點，才有進場點

人很容易以本位主義來思考，用自己的角度看世界，這在生活中本來沒什麼大問題，只要周遭的人可以接受就好。但若是在投資時，本位主義就容易被市場修理，最常見的錯就是把自己的成本當成市場成本，以自己成本的角度來做買賣決策，這是根本上的錯誤。我們前面章節曾提過，主力才是決定股價漲跌的力量，意思是股價的漲或跌，由主力所推動，背後有基本面理由，但絕對與你的成本無關。若我們用自己股票套牢或獲利多少百分比來當成決策基礎，就像是我們以出門有沒有帶傘來預測會不會下雨一樣，若對了，絕對只是運氣好。

若是買點錯了，買在已漲到半空中的價位，買在接近壓力區

時，買在市場過熱、別人正要獲利了結的地方，買在轉弱點……，只要是上述任何一種狀況，大部分的人都抱不住股票，因為沒有近一點的支撐，股價一回檔，只能賠錢出場或住大套房。

對波段投資者來說，一個理想的買點是一進場後就沒有出現更低的價格，或者雖然有更低，但幅度有限。什麼是理想的買點呢？就是可以找到支撐與停損點的價位，也等於B點及N點。

支撐與停損點是一體之兩面，正面是買點，反面是停損點。

B點是剛突破壓力，由多方佔上風的位置，因此B點的下方應要有支撐，因為是已經花很多力氣才克服壓力區的賣壓，短期間應有一定的支撐性，因此把停損點設在B點下方是合理的事；N點是原本的支撐，因此再回來測試時，只要多空力量沒有扭轉，也會是有效的支撐，因此把停損點設在N點下方也合理。一旦B點及N點被跌破，代表空方的力量已崛起，就是退場的時機。

許多初學者只管悶著頭買，但沒想過「萬一」，認為就是看好才買進，只想到要等獲利多少時賣出，但沒想到若是不如自己預期時怎麼辦，可惜現實中不如意十之八九，所以一旦不漲反跌住套房時，可能會選擇沒看到；幸運的話，等到解套時，就忘了原本是要賺波段，只想快點出脫，快點跟這個包袱說bye bye。長期如此操作，將會變成賠多賺少的不對稱賭局，平均報酬率就可能是負的。

停損點是保護我們資金的機制，Kano電影有一句話說得很好：「不要想著要贏，要先想不要輸」，就算是巴菲特或科斯托蘭尼（André Kostolany）等股神，也會有看錯的時候，何況我們只是凡

人。我們要做到的不是不賠錢，而是賠錢時，只會賠一點點，而當看對時，則要儘量多賺到波段利潤，按此原則做下去，必定可以當一個長期獲利的投資人。

先確定停損點在哪裡才能進場，這是關鍵價投資術中最重要的紀律。

▎以賭金的概念設定停損點

前面提到設定停損點是我們進場之前的必要條件，買完股票，如果不如預期跌破停損點，就停損，很簡單；但若是真的展開波段上漲時，何時出場卻也是很考驗人性的事，為什麼？

投資心理學上有一說法，「失去的痛苦，遠大於得到的喜悅」。

我們想像二種情境：

在100元買的股票漲到130元，心裡有點開心，但之後股價從130元跌到120元，心裡正在猶豫要不要賣時，又跌到110元，此時心裡就會開始焦慮，終於在跌到105元決定砍掉，雖然賺了5%，但心裡不但不開心，還很懊惱，這是不知何時賣股票最常遇到的情境。

另一種情境，股價由100元漲到130元，並再回跌到110元，等反彈到115元，避免賺的錢又吐掉，毅然決定出場，結果股價卻從115元開始展開新一波的上漲，再創新高來到145元，心裡一樣也不會怎麼開心，因為少賺了好多，不過比前一個情境稍好一點。

通常就是這樣的心理，讓我們過晚出場，或是太早離場，而沒法賺到波段上漲。其實問題跟前面提到的一樣，都是出在以本位主義來思考，只看著自己手中的獲利有多少百分比，而不去看股價的

真正趨勢。相信大多數人都會被這問題困擾過，但其實不難解決，主要是先心理建設，確認可捨與可得，知道可以捨去的有多少，做最壞的打算，心情就不會隨股價起舞，也就不會來不及停損，或砍在起漲點。心裡確認了可以輸多少，才可以得到波段的利潤，思考二件事可以有效改善：

■ 先心理建設，以賭金的方法設定停損

俗話說：「捨不得鞋子（另一說孩子），套不到狼！」

心裡要先告訴自己，押注的賭金本來就是打算拿來輸的，但只要讓我押對了，就要拿賭金的2倍甚至數倍以上的彩金回來。市價到停損點之間的差額，就是我們的賭金，是一個可以接受的損失百分比，每個人可容忍的程度不同，有的人3%，有的人5%，但應不要超過10%。重點是停損點要抓對，要設在關鍵價支撐區的下方，有的支撐區離很遠，停損點就會離很遠，因此一旦停損時，就會損失慘重，如果是這樣，那一定是進場點錯了！

若是買對了，支撐區有效，停損點就不會來，只要靜待股價上漲就好，平時就任它在那裡漂啊漂的，無所謂。我們之所以買進，是看到公司有巨大改變，符合4個B的主流股條件，因此時間將會是我們的朋友，不宜太早離場，除非我們發現自己看錯了。

有時會遇到十分強勢的股票，連續大漲，若期待股價回檔到原來的支撐區，可能太強求，但又很想買，可是離停損那麼遠怎麼進場？答案就是分批！可以先買進一部分，其他等回檔量縮時再做加碼，若有回檔，就可以加碼；若沒回檔，手中也不是空的，至少有參與到，這樣可以讓我們平均成本低一點，就算回跌到停損點時，損失幅度也會比較少一些。手上不求多，先求有，有門票才有座位可以坐。

■ 移動式停損點逐步上移，就等於下新的賭金

隨著股價逐漸展開上漲，新的停損點就會隨之上移，新的停損點沒有跌破之前，就不管股價的波動；市價到新的停損點之間的價差就是我們新一輪的賭金，沒賠掉之前，一樣續抱就好。此時因為已經脫離我們的成本區，因此即使不幸停損，雖然少賺一點，但已立於不敗之地，不要想一定要贏多少，要先想不要輸。

如圖3-24所示，從B點突破完成底部形態開始，我們就偏多看待股價，只要回測不破線6，賭金就沒輸掉，就抱著股票，即使回檔，也不用隨之起舞，最多就是賠掉市價到線6之間的賭金而已。但若真的開始起漲，主流股的漲幅不會太小，突破線5前高後，股價的停損點就上移到線5，就算被跌破，也是獲利出場。之後再進行任何新的上漲波段，就可以找到新的支撐點，移動式停損便可再上移。

回檔的低點，若是量縮止穩，再度上漲創高時，回檔的低點就是新的支撐，代表獲利調節的賣壓已經消化，於是再上漲，就是有新的資金在推升，如圖3-24的線3所示，亦可當成移動式停損點。雖然沒有股價形態比較扎實的支撐，但多頭回檔量縮的低點，也可當成支撐。

此例中，抱到出現假突破，或是形成頭部形態時，就可以完全出清。此時雖然有回吐一些，但離成本區B點左右到出場點線1或線2，已有相當的距離，當我們買到的是主流股時，常會有這樣的上漲波段出現，一年只要抓到幾檔，投資績效就會顯現，根本不用在意回吐的部分。在意回吐的錢是捨本逐末，抓到主流股的上漲波段才是重中之重。

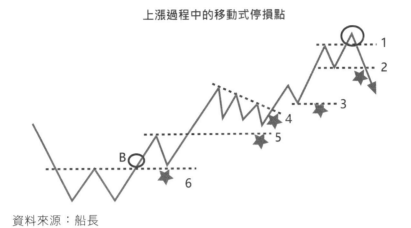

圖3-24 賭金及移動式停損的示意圖（星號為移動式停損點）

上漲過程中的移動式停損點

資料來源：船長

▎停損點的時機

　　原則上停損點一到，就要嚴格執行，有時一念之間猶豫沒砍倉，會覺得好像也沒跌多少，停損點到了也不一定要砍，但若常抱著這種僥倖心理，只要遇到一次重挫，就會造成整體資產很難彌補的傷害，所以停損點到了不要猶豫，因為這是最保險的做法。但偶爾會正好處於模糊地帶，做法可以稍微有一點彈性。比較需要彈性做法的有幾種：

1. 破停損正好是反應當天新聞利空時，此利空人人皆知，因此當天的賣壓是最大的，若只是大跌而沒有到跌停，表示賣壓雖大，但暗中仍有買盤，雖然跌破停損點，可以直接停損，但若判斷此為消息面不會改變趨勢，可以稍微容忍一天，看看隔天賣壓消化完是否能回彈。或者也可以等快收盤時再決定，若仍弱勢，再執行停損；若逐漸收回跌幅，尾盤就可以考慮留倉，等隔天無法反彈再停損。

2. 破停損當天沒有特別利空，但股價卻跌破停損點，若成交量較平時小，有可能只是當天正好沒有買盤，可以稍等一天，隔天無法站回停損點之上時再停損；若成交量正常或者放大，代表有主力在出貨，此時就要跟著停損，不用再觀察。

3. 停損點砍完後，若隔幾天，股價又默默漲回停損點之上時，那我們可能遇到假跌破或是破線翻了。遇破線翻時，表示前幾天的賣盤是偶發事件，或者主力在洗盤，站回去就是視為一種N點，原來停損點上方的頸線在未來一段時間變成是支撐，因此可以把停損掉的部位做回補，這樣的停損點有時反而是要開始轉強的訊號。所謂「不破不立」，破停損點洗清沒信心的籌碼後，再展開上漲。

我們在股價高檔時，有時沒有看到任何基本面的利空，但股價卻出現有量的重挫或假突破，這通常是主力趁利多在偷跑，暗示對後市空間已無太大期待，基本面在可預見的未來可能轉差，但市場還不清楚。股市裡有句話說：「千線萬線不如內線一條」，大股東或供應鏈上下游間，一定會有人可以從蛛絲馬跡中看到未來的景氣變化，當這些人在市場歡樂聲中默默退場，股價可能只是進入高檔震盪，還不會重挫，也就是股價做頭的階段。但若有一天引動了籌碼面的多殺多時，跌幅往往會十分驚人，執行停損不能心存僥倖，能一天砍完就一天砍完，若不行，也要每天分批執行，直到砍完為止。此時我們要的不是價格，而是數量，把部位出清才是重點，晚賣一天就多損失一天，這種情況最常發生在景氣循環見頂的原物料型股票，遇到重大失敗的新創公司，或是失去大客戶的中小型公司。其他一般正常的公司景氣上坡跟下坡比較不會那麼快。

陽明公司2021年上半年因全球貨櫃運輸供不應求，運費持續大

漲，公司進入有史以來最強成長期，運費到8月分仍持續上漲，但股價在7月初就見到高點，以二根長黑K摜破線1，形成假突破，反彈過程遇到線1壓力便止步，開始展開多殺多的急跌波段。不到一個月的時間，波段跌幅竟高達52.8%，不要忘了，此時運費都還是在上漲，短期沒有見到任何基本面的利空，但股價卻已腰斬。

這裡我們可以留意到：假突破的停損訊號出現時，量能略偏大，因此可能是主力在出貨的現象，雖然每天的當沖量都很大，可能有一些偏誤，但整體上來說就是偏大的量，而且法人很明顯的在持續大賣，若我們心生猶豫，沒有在第一時間停損，三天後出現反彈，以為自己沒停損是對的，就不再嚴格執行停損，後面接著的就是慘烈的多殺多。股價每天跌，跌到懷疑人生，若我們第一時間沒砍，但仍奉行分批停損的原則，至少就可以賣在相對高檔，確保波段上漲的戰果，不致全部吐光，甚至倒賠。

圖3-25 陽明公司還原日K線高檔假突破後的停損點

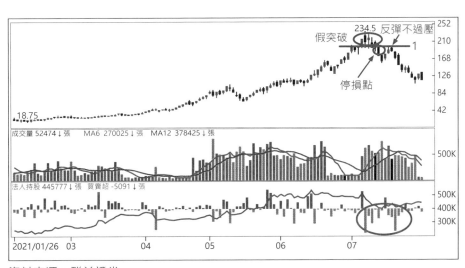

資料來源：群益證券

進場時依據B點及N點；出場時若是有形態就看形態，
沒形態時就用移動式停損。

做多的進場點與出場點

　　做為一個波段投資者，從來不是追求買在最低點或賣在最高
點，這二個點都是事後經過一段時間才能確認。若是有人說，他常
是買在低點、賣在高點，那一定是神，要快拜。

　　有人用吃魚來比喻波段投資：「我們要捨去魚頭與魚尾，只吃
魚的中段。」

　　說的很有取捨的智慧，也很有道理，但問題我們都不是神，只
能看得出魚頭、魚尾在哪，也是要事後才知道，如何吃到魚中段，
不要過早或過晚離場，的確需要一些判斷的原則與技巧。找到主流
股後，並不是一頭栽進去，進場點錯了，一樣抱不住股票。從關鍵
價的角度，要如何找出進場點與停損點？本節會做說明，船長再強
調一次，進場點與停損點是一起決定，也是同時存在的，找不到停
損點，就沒有進場點！

　　多頭市場時，不管用什麼方法操作，大多都會對，因為就是多
頭，只要不做空都會對，會讓人誤以為照自己這樣的做法就可以；
不過，當市場轉向為震盪或修正時，就像股神巴菲特說的：「海水
退潮後，誰沒穿泳褲就看得出來」，永遠以為聽到什麼買什麼就賺
什麼的多頭思維，一到空頭修正時，可能就會慘兮兮。

多頭架構下的各種進場關鍵價

一個主流股的形成，基本面會有巨大改變，所以族群形成後，很少在一個月內就結束行情，再怎麼不濟，也會有二、三個月或更長的波段行情，通常會有時間與機會讓我們吃到魚身。

我們回想一下，主流股的4個B是：Big Change（巨大改變）、Buddies（族群同步）、Base（築底完成）、Breakout（突破出現）。我們做不了先知先覺者，無法在這4個B出現前就做出正確的預判，但做一個後知後覺者，即使不太懂船長在第二章討論很多的第一個B巨大改變是什麼，但看到後面3個B出現時，也要知道：

當某個族群中的幾檔個股，股價同步或陸續完成底部或整理區，並突破壓力時，那一定有事！很可能就是新的主流股！要睜大眼睛看！

此時我們再回頭去找巨大改變是什麼，並理解發生的理由，只要覺得巨大改變有說服力，就會提高成為主流股的機率，這裡要強調是「機率」，投資上沒有百分之百的事，只有機率大小。若判斷後認為成功機率高，我們就選機率大的那一邊來押注。完成底部的股票，雖然離低點已有一段距離，但我們根本不用在乎這件事，所謂「一山還有一山高」，只要未來仍有上漲的空間就好了。投資不是在比誰買得低，而是在比誰買完後股價還會漲，只有買完還會漲的股票才會獲利。

當後知後覺者一樣可以跟上趨勢，賺到中間的波段，不要怕股價已經漲上來會追高，不會漲的股票反而可能是不能買的。最怕當

一個等到魚尾出現，才終於克服心理障礙進場的不知不覺者，市場中這樣的人非常多，我們只要比他們早一步就可以。

　　圖3-26是本書中最重要的一張圖，看完這本書，什麼都可以忘，但請不要忘了圖3-26，時時放在心中。面對你的股票時，比對一下現在的股價處在什麼位置，風險有多少，停損點要設在哪，適不適合進場，會很有幫助。

　　關鍵價投資只有二種買點，也就是B點及N點；在多頭架構中，一般會有數個關鍵價的介入機會，只要買在B點或N點，都是有效率的位置。下檔風險可控，而上檔利潤空間才剛打開，符合風險有限，且利潤大於風險的原則，我們用圖3-26的不同階段來說明：

■ 底部形態

　　若符合主流股的4個B，股價會先築出一個底部形態，我們說過，不要拘泥於底部形態是否標準，只要股價在相對低檔一段時間，能判定出一個整理區間，可依照規則畫出串連二個高點以上的壓力線，就是圖3-26中那條紅線，大致屬於底部形態。我們在底部區有時會先看到破底翻的現象，股價在利空中破底，但這個破底是幅度不大且時間是短暫的。雖然跌破原來的最低點，可是又很快反彈回到原來的低點之上，並在原來的低點形成一個支撐，出現破底翻時，不但不是弱勢，反而有可能是利空出盡開始止穩的機會。此支撐收復後，通常會有一段時間是有效支撐，如圖3-26的N1點，再回檔也不會輕易跌破，可能是中長期布局者的機會。但時間拖久，也有轉強向上，也有可能再度破底，在支撐之上的時段，是轉強的

機會，因為這裡是主力願意買或願意守住的價位。守住後，理論上就應該要上漲，但若主力的實力不夠或是基本面有變化時，也有可能拉不上去，當再度破底時就要停損出場。股價在低檔時，可以留意這個跡象，如圖3-26最低處所示的破底翻止跌訊號。

破底翻（破線翻）或是假跌破是很好用的多空觀察指標，在股價相對低檔時，可用來判斷空方力量是否被消化。當出現破底翻時，就不應該太偏空看待，若慢慢逐出底部形態時，就可以更加確認底部支撐的位置。

■ B點突破完成底部

出現B點突破後，就可以確認底部區完成，即圖3-26的B1點，站上底部區的頸線壓力後，頸線就變成支撐，只要不再跌破，上漲的波段可能從這裡開始，不破停損點，就要續抱。有時突破後，股價會揚長而去，但有時會猶抱琵琶半遮面，在頸線支撐附近徘徊，也就是俗稱的過關拉回測支撐。為什麼有時會回檔呢？一個可能是主力採取階梯式的拉抬，不想在基本面利多釋放之前漲太快；另一個是短線客獲利了結出場。但不管哪一種，支撐應該要有效，主力當初集中力量突破壓力的資金才不致變成炮灰，因此回測頸線也會變成一個買點，即圖3-26的N2，此時介入，停損點一樣可以設定在頸線下方，風險就會可控。有時過關後就直接急拉一段，回測時並不會回到頸線這麼深，我們若不想錯過這樣強勢的主流股，N點就要擴大為N點區。以一個區域來覆蓋可能的回檔空間，以分批布局的方式參與，但是仍要以頸線下方的停損點為基準，平均下來的布局成本不能離停損點太遠，否則萬一出現預期之外的回跌時，會損失太大。

■ 中繼整理

　　股價上漲一段後，就自然會有一批獲利了結的賣壓，或者先休息等基本面跟上來。中繼整理與底部形態頸線間的差距通常與頸線及止跌訊號中間的差距相同，如圖3-26所示，1×漲幅可能出現，但不是必然會出現。這1×漲幅是當我們對未知空間無概念時，一個很好用的預判工具，但不要當成「一定會到」，或者「一定不會超過」，才不致倒因為果，仍要以股價到時的支撐壓力來判斷。進入整理區時有可能變成頭部，但若是主流股，很少只漲一波就形成頭部的，因此對波段操作者來說，進入整理期很可能是另一個介入的機會。我們前面有提過，中繼整理期有不同的形態，但大致上是一個區間形態，有明顯的壓力與支撐，既然整理區會花時間消化籌碼，我們就不用趕著進場，可以耐心等二種機會再介入。一種是回測區間支撐時，如圖3-26的N3所示，買在這個價位會相對便宜，但通常會伴隨一些小利空，股價才會回檔，要對主流股有認知的人才敢低接，所以幾乎都是量縮，少數是急跌爆大量換手。然而區間的支撐大多是不會破的，即使有跌破，通常也是一、二天內就站回支撐之上，可是何時再度轉強，則比較不一定；第二種是等突破區間壓力時，也就是另一個B點2。

■ 另一個B點突破起漲

　　當整理的時間夠了，籌碼換手沉澱了，股價會再度反應基本面向上的趨勢，出現突破整理區壓力的B2點。這裡因為市場對主流股基本面的共識度逐漸提高，上漲的速度也會加快，是一個很好的買

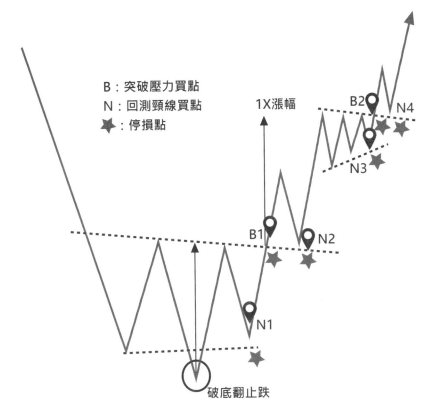

圖3-26 多頭架構下的各種關鍵價

B：突破壓力買點
N：回測頸線買點
★：停損點

1X漲幅

B1 N2

N1

破底翻止跌

B2 N4

N3

資料來源：船長

點。不過偶爾也會出現回測頸線支撐的機會，一樣視為N點低接機
會，如圖3-26的N4。這裡再漲，有可能是另一波的一倍漲幅（1×
漲幅），也可能進入加速上漲段，不同的產業景氣強度會有不同的
漲法，但不變的是，只要主流股沒變，中繼整理後通常至少還有一
波上漲的機會，沒買到起漲區，在中繼期介入一樣可以賺得到主流
股的錢。

用簡單二句話概括以上的精神就是：多頭找移動式支撐，支撐不破，等下個新的移動式支撐出現！

多頭架構下的操作最重要的原則是找出支撐，而不是猜高點。有時大多頭的產業，即使大盤沒有大漲，這些主流股也會漲到讓人瞠目結舌，儘量不要預設立場，只要留意支撐的有效性，並逐步將支撐上移就好。這方法在交易實務上很好用，也可以稱之為移動式支撐或停損（二者是一體之兩面），當有新支撐浮現時，就將支撐上移，若有一天新支撐被跌破，就是波段出場的時候。對應圖3-26，就是不同的星號所在，進場時就會同時有一個停損點（星號）相伴，並隨股價而上移，當被跌破時就出場。出場時，通常已立於不敗之地，只是回吐一點獲利，千萬不要捨不得回吐，那是你的新賭金，沒輸掉的話，後面可能會賺賭金的倍數以上回來。

▋出場點：出現股價形態在漲一倍後出場，否則用移動式停損

奉行基本面的投資人對於股票賣出時機，通常的回答是：當股價的基本面已經改變，買進的理由已經消失時，或是股價已超過其價值時，就是賣出時機。聽起來很有道理，但實際上要做到卻十分困難。基本面的改變要多大，才需要賣出，其實很主觀；買進的理由若有三個，只消失一個時，要不要賣出呢？還是要等三個全部消失呢？股票價值來自對未來的預估，只要是預估就需要假設，只要有假設，就是涉及主觀意識，更何況各種評價法，如PE法、PB法、市值／營收法、股息折現法等等，都有主觀意識。自己認為對的，

市場未必也如此認為，給出評價本身是充滿主觀猜想的，你需要是一位先知先覺的投資人才行。

與其如此模糊難辨，不如讓市場告訴我們，股價到底是否仍便宜，只要還在上漲趨勢，就是公認的便宜價；相反地，只要形成頭部反轉，就是公認的昂貴價出現，此時即使自己認為股價還很便宜，但若忽視大勢已去，堅持做多股票，猶如螻蟻想撼動大象，恐沒什麼好下場。經濟學家凱因斯（John Maynard Keynes）曾用一個有名例子說明股票的買賣，他說投資股票像在一場選美比賽中猜出誰會是冠軍，我們要選的不是自己認為最美的那一個，是要猜想大家會投票給誰。基本面分析告訴我們參賽者的國籍、學經歷、身高、體重、三圍等數據誰最優，技術面分析則是告訴我們誰每次站上台時獲得的掌聲最多、誰的網路聲量最大，你覺得哪一種資訊對你比較有用呢？

股市中有句話：「會賣股票的才是師父！」主要用來形容進場容易出場難。圖3-26已大致說明了各種進場的關鍵價，簡單清楚，但股票要賣對價位與時機卻是很難，因為高點只有一個，若剛好賣在高點，只是機率上的運氣而已。如何選擇出場點，除了技巧，更多的是經驗與藝術成分，沒有完美的出場點，但我們可以儘量在合乎邏輯的方式下出場。除了上述的被動式停損點外，也有幾種主動式的減碼方法可以參考：

■ 有股價型態的K線，可以先預估形態的1×漲幅（一倍等幅漲幅）滿足

人的心理常有一種下意識的對稱美感，反應在股價上來說，主力常會在上漲相同距離或是相等時間幅度時獲利了結，前一波賺多少錢，下一波有例可循，可比照辦理，當相同的漲幅出現時，主力可能會想調節，因此會出現一倍漲幅（1×漲幅）的預估方法。

1. 有底部形態時：

包括W底、頭肩底、箱型底等，此類的出場時機是以頸線以下的底部等幅距離，去測算頸線之上，同樣幅度的1×漲幅滿足，偶爾會到2×漲幅，要看底部規模多大。一般底部時間越長，基本面反轉向上的可能性越高，主力吸納籌碼越多，向上的漲勢也就越持久。但我們一般先用1×漲幅即可，等到達後，再改採移動式停損會較務實。

大江在2020年5月初出現B點突破，從B點所在的頸線起算，與底部高度等幅的1×（一倍）漲幅，正好是大江反彈的高點附近。這裡我們可以留意：B點是帶量突破，且是長紅K棒，氣勢較佳，因此成功的機率較大，回測N點則是量縮價穩，因此頸線支撐有效。在8月下旬到達1×漲幅後，9月上旬跌破小頸線，形成假突破，為轉弱訊號，結束上漲行情。我們在1×漲幅接近時，便可站在減碼方，出現假突破時，部位應要出清，後面法人持續性的賣出，若未出清，會承受很大的壓力。

圖3-27 大江底部完成1×漲幅後的賣點

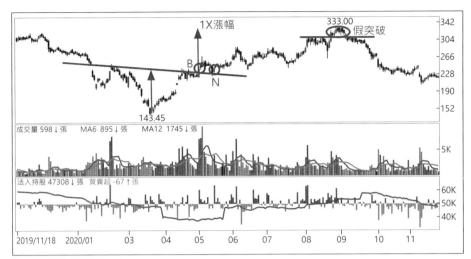

資料來源：群益證券

2. 中繼整理後的續漲時：

常見的中繼整理是收斂三角形態、箱型或旗形，當出現突破走勢時，常會有新一波的上漲，此類的出場時機是前一波漲幅1×等幅距離的位置。但為避免是假中繼真頭部，我們會在突破壓力區創新高時，才去估算上檔的1×漲幅，沒有突破壓力之前都要先當成壓力，關鍵價投資會寧可等到確認突破B點出現，再去追進，會是最保險且有效率的時機。

奇力新從2020年3月開始反彈，但5月到10月陷入長達5個月的箱型整理，一直到11月初出現突破B點，進入另一波上漲，由箱型整理的近期低點起算，約1×漲幅左右，股價見到高點，以一個單日盤中的假突破結束上漲，之後又跌破收斂形小頭部，進入修正期。這

圖3-28 奇力新中繼整理後的1×漲幅賣點
（1×漲幅即由整理期的近期低點起算，加上第一段上漲的股價）

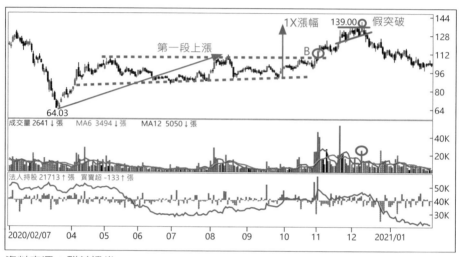

資料來源：群益證券

裡我們可以留意：B點突破是帶大量，且是長紅K棒，氣勢十足，B
點成功的機率較大，到達1×漲幅時可站在減碼方，不見得要全數出
清，可以留部分看是否會續強，在跌破收斂小頭部後，確認結束上
漲，便可出清持股，果然後面法人持續性的賣超，股價一路滾下來
到起漲點附近才止穩。在中繼整理的B點進場時，可以參考1×漲幅
預估，拿來跟風險大小做對比，就可以知道是一個划算的賭局。

3. 在高檔出現假突破：

當股價已經大漲過一段後，站在風險的角度思考賣點，希望在
轉弱的第一時間就先減碼，而不是等到頭部成形時。股價有時並不
會出現明顯的頭部形態，高檔整理時，分不清到底是頭部或是中繼

整理，但若出現某種跡象時，就會是減碼時機。

高檔整理後，出現帶量的K棒，突破壓力並創新高，通常會伴隨消息面的利多，讓市場投資人在樂觀氛圍中追價，可是在幾日之內，卻又跌破此長紅K棒的壓力突破點，便形成假突破，此時也是賣出時機。因為主力急著拉高出貨，才會只拉一天吸引市場追價便不撐了，拉高是為了出貨，此時我們要先減碼再說，原來的壓力區就變成了真的壓力，可能未來一段時間都不易突破。

除非是出現二度B點突破，那這次的假突破才會是洗盤。假拉回真上漲，二度B點出現時，通常是把股票追回來的買點。有沒有覺得主力爾虞我詐，是的，股價在高檔區時，主力也要測試一下市場對手的底限，才好出手拉抬。

聯發科在2021年第一季上漲到1×漲幅後仍續強，若根據1×漲幅減碼法，可能先部分減碼，後續再看量價形態是否仍穩定，若穩定就可以留，因基本面的訊息都是有關5G手機晶片市佔提高的好消息，且下半年會進入備貨旺季。理論上股價在5月上旬出現跳空大漲後，有機會再漲一波，但當日居然開高走低收長黑K且出大量，意味主力趁利多出貨，三天後跌破小頸線，形成假突破，小頸線就變成短中期的壓力區，沒有站上之前，要保守以對。

這裡我們可以留意：股價到達1×漲幅並非就一定不會再續漲，我們手上若有持股可以減碼，但不一定要出清，可以看股價的變化。若是沒有出現假突破，或許聯發科就展開另一波上漲，但因為位階已高，一旦出現假突破，就要先溜再說，跟著主力減碼。假突

圖3-29 聯發科假突破轉為整理的賣點

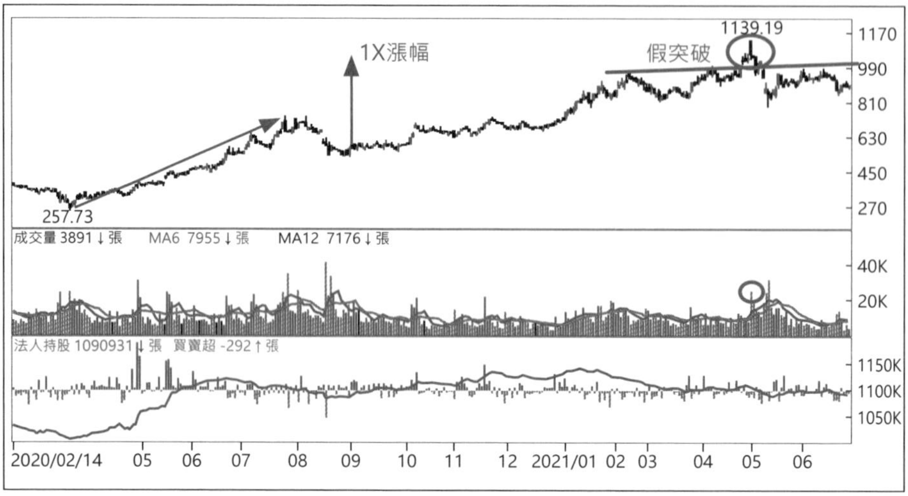

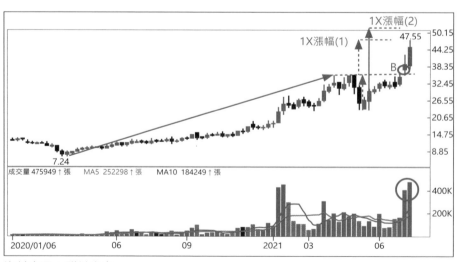

資料來源：群益證券

圖3-30 凌陽還原週K線估計1×漲幅的賣點
（二種估計法：一個是從整理的低點起算，加上前一波上漲的價差；
另一個是以整理區高檔起算，加上整理期的價差）

資料來源：群益券商

180

破後通常要進行一段整理或修正期，不一定是大跌，但上漲的機率較小，我們當然要選機率大的那一邊，等它修正完或整理完再說。

確認假突破時出場，雖然不是賣在最高點，但高點到小頸線就是我們押的賭金，輸了就摸摸鼻子。況且跟整個波段操作的獲利出場相比，只是稍微回吐少賺一點而已，無礙我們的波段績效，這才是我們該賺的錢。想賣在最高點的人，應該沿途在猜高點，可能在波段起漲點附近或中段時就賣光了吧，事前沒人會知道高點在哪，我們用1×漲幅預估而做的減碼，可能會比較接近一點。

4. 看不出明顯底部或中繼形態時：

運用等幅上漲的慣性來估計可能漲幅，近期的前一個波段漲幅，常會等於下一次的波段漲幅1×（一倍）等距，這是沒有形態時常會用到的預估方法，或者是以震盪區間的上下最大間距為1×的等距基準，前提是要等本波已經創新高時才適用，若還沒創高，就仍是整理形態而已。壓力沒突破前都要先視為壓力，逢高減碼，除非出現突破，我們再當成B點突破，把股票追回來，這樣可以避免股票抱上又抱下，並可以在最有效率的時間點才去建多頭部位。

凌陽我們用還原週K線來看會清楚一點，2020年3月低點起漲，一直到2021年4月見高點，上漲波段歷時超過一年，但在5月時出現重挫修正，之後慢慢收復跌幅，並在7月中旬重新突破前高，至此可視為B點的一種。但因為沒有完整的整理形態，創高後我們該如何預估高點空間呢？

有二種方法，一是用5月修正時的空間當成底部形態，去估計等幅的1×漲幅，即1×漲幅（1）的位置；另一個方法是用前面一年的漲幅當基準，以5月回檔的低點當另一個起始點，計算出等幅的1×漲幅，即圖3-30的1×漲幅（2）。雖然未必精準，但可以在股價出現突破B點時，給我們一個評估風險與潛在報酬的參考。

這裡我們可以留意：B點突破是帶量的強勢跳空，因此成功的機率比較大。

1×漲幅會有不同等級的差別，如果是一個大行情，現在看到的1×漲幅規模有可能只是大規模1×漲幅中的一部分組成結構而已，因此在使用1×漲幅時，記得要退到較大等級週期來看，以免見樹不見林，錯過大波段行情。

■ 沒形態的看移動式支撐，支撐破了就出場

讀者若有讀過技術分析的書，一定會覺得教科書上看到標準形態或技術指標都很好用，但為何一到自己手裡，就用不出來，或者不好用。其實標準的股價形態可遇不可求，並非佔大多數，技術指標也常會失準，我們在使用時不能拘泥。

所謂無招勝有招，大概就指這三個層次：見山是山，見山不是山，見山還是山。

我們在學會技術分析後，看到書上教的指標或形態出現，就認定後面的股價走勢會如何，而且會把這套方法大幅套用在每一檔個

股上，這時算見山是山；等到實務操作一陣子後，發現好像書上教的指標或形態不是那麼好用，常會出錯，或者忽多忽空被巴來巴去，錯過大行情，此時對這些技術分析方法開始心生質疑，此時見山不是山；等到有一天可能在眾多方法中找到一、二個特別好用的指標或模式，此時又好像懂了，走出撞牆的迷霧，見山還是山。

大部分的人都會被教科書上眾多標準模版所限制了，其實K線圖的技術分析說到底，就是找出股價趨勢是多或空，若是多就找出支撐，若是空就找出壓力，支撐或壓力沒有被突破前，就是維持原來的趨勢，操作就順勢而為，就這樣而已。

所以不管K線圖有沒有形態，技術指標有沒有交叉或背離，回到大部分都沒有標準型的實際股市裡，無招勝有招。我們本著初衷，用最簡單的方法來解讀股價，找出支撐與壓力。當主力減碼，壓力浮現，跌破支撐時，就是我們順勢的賣點。沒有出現停損之前，只要抱好主流股，等移動式支撐被跌破時才出場，下面幾種支撐是多方要守住的防線，若被跌破，就可以當成賣點。

前面有提到移動式支撐，這方法在上漲過程中十分好用，隨著股價上漲，我們要找出最近的支撐區，當支撐區沒有被跌破，就續抱。移動式支撐是逐步往上移的，因此若有一天被跌破，移動式停損被觸發時，我們也是獲利了結出場，只是回吐一些而已，回吐的部分就是我們的賭金。

1. 異常量價的突破點被跌破：

在沒有特定股價形態的上漲趨勢中，不同的主力可能會在不同的價位介入股票，我們無法得知所有主力的平均成本，或者個別的成本，但股價每一次在小整理後，若出現帶量的突破點，都會透露出最近一批主力的進場成本區。若你是主力，當股價再回檔到成本區時，理論上會願意在相近的價位再加碼，因為這價位是當初認同的便宜價，所以才進場，股價回到相同的價位，會有買盤出現形成支撐。而已經買到低點的主力，心中一定不願讓散戶也買到一樣便宜的，因此出現帶量突破時，當時的低點附近會形成重要支撐，也是主力在守護自己的部位。

假突破也是異常量價被跌破的一種特例，差別是突破短壓的那根K棒不用爆天量，只要成交量有放大就可以，但位階一定要在K線圖裡的相對高檔區，至少是半年到一年左右期間內，處於K線圖右上角高檔區，高檔假突破是減碼的訊號。

2. 股價在高檔爆大量長黑：

常是主力第一次的出貨現象，如果我們買的是主流趨勢股，通常不太會尖頭反轉，後面大多還會有量價背離的高點，但此時可以先減碼降低壓力，因為股價震盪幅度將開始變大，多方的力量減弱。

3. 整理區支撐：

上漲過程中，股價常會一階一階的往上盤堅或推升，每漲一段

後，就要整理一下，消化一下短期的獲利了結賣壓，換手沉澱之後，才能進行下一波的上漲。這個整理區也會形成支撐區，只要沒有跌破，都還可視為多頭架構持續中。

聚陽在2021年3月爆大量（圓圈4處）後突破線3壓力，線3就形成支撐，未再跌破。在圓圈處5爆出第二次大量，但因連續上影線，可能為主力的第一次出貨，股價拉回，但沒有跌破大頸線2的支撐，因此支撐線2也有效。之後再攻一次，突破前高並爆出另一次大量（圓圈6處），這裡雖然創新高，但就要開始保持謹慎，因為前面已爆出一次疑似主力出貨的大量，若這次的突破後，沒有能守住頸線，就會變成假突破。股價在高檔區雖然守住線1支撐，但頻留長上下影線，只要是在高檔區，上、下影線皆屬於多空交戰，並非下影線就是好事。長下影線在股價大跌一段後出現時，是可能的止跌訊號，但若在高檔區，不是止跌訊號，反而有可能是主力盤中出貨把股價打下來，但在尾盤時，故意拉上去，讓當日可以有漂亮的收盤，以利隔天繼續出貨。

聚陽在6月初跌破線1後，就正式形成假突破，一旦出現假突破，股價有大機率會進入整理或修正，因此是減碼時機。之後股價雖然沒有大跌，但也是盤跌，一直到線2支撐才開始有一些抵抗力，此區是整理平台支撐，通常會有一些抵抗力。若我們沒有減碼，就要等很久才有機會轉由多頭主導，倒楣一點的話，若就此形成頭部，就再也回不到假突破的高點，因此高檔遇到假突破，寧可先減碼再說。

這裡我們可以留意：在股價上漲過程中，異常量價處或者平台整理區都會有支撐效果，如線3及線2，當異常量價沒有支撐時，就代表多空的力量已有互換，適度減碼是可以的，如線1。你可能會問，那圓圈5的大量出現後股價就回檔，要不要減碼？若是保守型的資金，可以先減碼，以確保戰果，後面再漲上去的魚尾就不關你的事；但若是低檔買上來的資金，還沒有出現頭部形態前，仍可以保留一些部位，直到正式力竭的假突破出現時再出清，沒有在此時出清的最大原因是籌碼，在圓圈5大量後，三大法人仍堅定的站在買方，因此馬上反轉向下的機率比較小。最後一次爆大量（圓圈7處）之後，股價就不曾再創新高，法人也不再加碼，表示此次的大量為主力出貨量，更加確認股價轉弱的走勢。

圖3-31 聚陽日K線上異常量價、高檔大量、整理區支撐及假突破

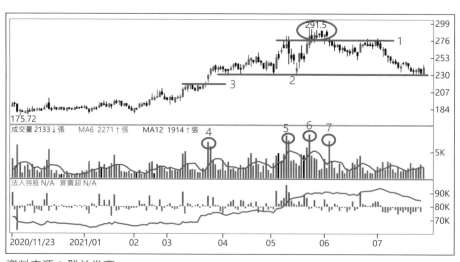

資料來源：群益券商

■ 到停損價時需果決停損，賠錢時只賠掉賭注，風險才會變成可控！

關鍵價的進場點是突破的B點與回測頸線支撐的N點，因為最容易出現波段漲勢，也最適合設定有限的停損點，股票沒有100%如預期的事，判斷錯是常發生的事。只有嚴格執行停損者能長存於股市中，停損就設在B點及N點下方的關鍵價，跌破便停損，而且要習慣且果決的執行停損。

■ 遇系統性風險時減碼：

這個狀況是為了控制持股水位，在出現系統性風險時的被動式減碼，跟個別股票無直接關係。若大盤轉弱大跌，終將傳導到全部的個股身上，在籌碼鬆動或跌破支撐時，常會出現多殺多，這種狀況會跌到不敢相信的價位。所以大盤不好時，整體水位必須降低，這種賣出就無關個股出場點是否到了，減碼就對了。

減碼到什麼水準才適合呢？要減到感覺不會怕的水準，每個人感覺都不一樣，有的人降到3成就不怕跌了，有的人要零持股才可以安心，甚至有些人要放空才覺得不浪費下跌段，持股水位的控制很重要，空頭修正是市場的自然循環，面對空頭或修正時如何避開大跌段，是決定最後能保留多少戰果的關鍵因素。常有人在多頭市場獲利了，但在空頭市場修正過程中，就全部吐掉，甚至因為之前在高檔區部位加大，一稍微下跌就變成倒賠。這是人性，因為剛上漲時，不敢押太多，等越漲時，獲利越好，信心越來越強，就認為要放大部位才賺得快，結果會變成持股水位頭重腳輕，在股價高檔時持有高水位，甚至開始回檔時還加碼，更加速賠錢回吐的速度。

德國股神科斯托蘭尼曾引用了一個將軍打勝仗的關鍵4因素，運用在股票投資上也十分適用，分別是：資金、想法、耐心與運氣。其中第一個成功因素就是資金，你或許會問：投資股票要有資金不是廢話嗎？是的，但重點不是在有資金，而是資金的水位，你覺得投入一千萬元買股票多不多？對一般人來說，這大概是很大的數字了，但對一個基金經理人或機構法人來說，卻只是一點點。同樣持有一千萬元的股票，對機構來說是低持股，大盤怎麼跌都不怕，還歡迎它跌，但對一般投資人來說，搞不好投入100萬元就是持股滿檔，經不起任何大跌。這中間的差別不在絕對金額，而是持股佔總資金的比重，對一般人來說，買100萬的股票，風險可能就是100%，但對機構法人來說，持股1,000萬元，卻可能是超低風險。

持股比重才是重點，買一檔股票若花了資金的5%，即使這檔股票漲了1倍，對總報酬來說也只有賺5%；相反地，若之後決定用資金的100%全部買這檔股票，這時，只要這檔股票回跌5%，就會把之前賺的5%全吐光了，持股比重的控制你說重不重要？

圖3-32 一般投資人常見的持股水位頭重腳輕的問題

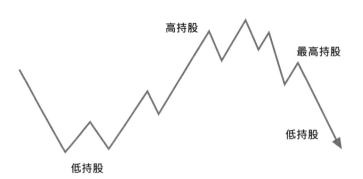

高持股

最高持股

低持股

低持股

資料來源：船長

前一章我們討論到：投資只需聚焦在主流股上，成為主流股需符合4個B的條件，以及如何找到主流股。本章進一步說明投資主流股要利用關鍵價進出，才是最有效率且風險可控的操作，透過這二個程序，可將投資簡化並有效提升波段操作的績效，再複習一次本章的重點：

先用還原的週K線確認多空循環架構，在還原日K線中找出股價形態與異常量價，得到支撐與壓力。主要目的是讓我們確認誰是主流股，依照關鍵價來進出，進行波段操作。

記住先有停損點才有進場點，停損就是準備輸掉的賭金，但若沒輸掉，就要賺賭金的倍數回來。

出現B點要勇敢追進，想買N點需耐心等待，若到停損點只能堅定執行。

有股價形態就用1×漲幅估計可能的漲幅空間，沒有股價形態就用移動式支撐來波段操作。

現實中非標準形態佔多數，不要拘泥於標準套招，用還原K線上原始的支撐與壓力來看股價才是根本之道，多頭架構的重點是移動式支撐，空頭架構的重點則是在移動式壓力。

忘掉所有技術指標及均線，但要記住那張多頭市場架構操作圖。

■ 補充說明空方操作：跟多方操作正好是一體之兩面

回想股價的多空循環圖，多頭市場高檔區的假突破或異常量價

出現後走弱，多空力量開始扭轉，向下B點出現完成頭部後，就進入空方操作的範圍，整個操作跟多頭架構剛好相反。多頭操作的停損點出現時，反過來看就是空方操作的向下B點，是放空操作的進場點，反彈接近壓力區時，就變成放空操作的向下N點加空區，若重新站上壓力頸線時，就是放空者的停損點。

放空點就是圖3-33中的各個N點及B點，搭配籌碼轉差及異常量價會更好，若法人及大戶連續賣超，就是投下放空的贊成票。若在頭部高檔區曾出現異常大量，且大量低點被跌破，放空的成功率會再提高。

圖3-33 放空操作的進場點，恰與做多的關鍵價相對應

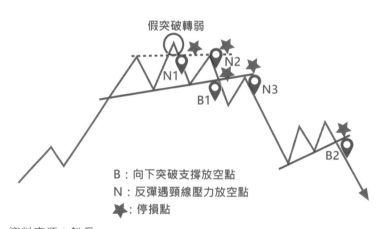

假突破轉弱

N1
N2
N3
B1
B2

B：向下突破支撐放空點
N：反彈遇頸線壓力放空點
★：停損點

資料來源：船長

空方走勢一旦啟動，通常速度會比多頭走勢快，緩漲急跌是股市的特性，也是在反應人性對恐懼的釋放會比貪心強烈，因此下跌時，帶著恐懼的賣方力量會更強大，股價反應會更迅速。但因空方

操作違反人性的正面思考，一般人比較難在第一時間體悟到趨勢的改變，空方操作方法跟多頭架構操作一樣，只是往上操作與向下操作的差別，本書就不花太多版面，我們直接用二個例子來說明。

【例1】

上緯投控在2020年3月低點起漲，在8月的中繼整理後，進入第二段的上漲，來到1×漲幅後，稍有拉回，但因成交量大，人氣尚在，10月再度上攻創新高，10月至11月底進行一個收斂形態的整理，中間曾出現一次不太明顯的假突破，線1始終是實質壓力，沒有再突破過，因累積漲幅不小，因此多方要開始留意線2支撐是否失守，一旦失守，就可能形成頭部。

12月上旬時，出現向下B1點轉弱，是放空操作的開始，B1點對應的水平線3就變成放空者的停損點，若是站上線3，空方的架構就會被扭轉，不再佔上風。股價轉弱後，曾一度反彈到線3，但當日留長上影線，宣告線3為實質壓力區，再度往下後，在線4附近整理4個月，試圖築底，但在5月上旬時，跌破線4形成向下B2點，線4變成移動式壓力，沒有站回線4之前，股價偏弱勢看待。從B1破線開始，就是空方操作的機會，股價來到第一段上漲的中繼整理區，可能會開始有支撐，因為是上漲過程中開始出量的位置，回到相同的價位，可能有機會出現相同的買盤，此時空方可以留意何時出現破底翻的回補訊號。

圖3-34 上緯投控完成頭部向下修正

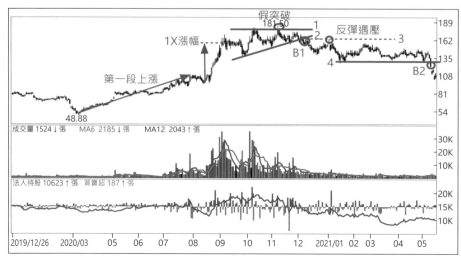

資料來源：群益證券

【例2】

　　華新科在2018年上半年受惠被動元件大缺貨潮，產品報價連續上漲，獲利跳升，股價展開大多頭走勢。在7月再創新高後，股價開始利多不漲，不久後跌落線1之下，形成假突破，因為這裡已經累積很大的漲幅，假突破的機率較高，之後雖然又再短暫站回線1之上，但沒有再創新高，並再度跌落線1之下，此時多單應要出場，因為假突破的壓力區已經確認，表示主力已經站在賣方，我們可以順勢跟著減碼。

　　到了7月底，股價續弱，跌破頸線2，出現向下B1點，有變成頭部的嫌疑，此時已是空方操作者的機會。幾天後，再跌破水平的頸線3，完整的大型頭部更加確定，此時可再加空。線3變成壓力，也

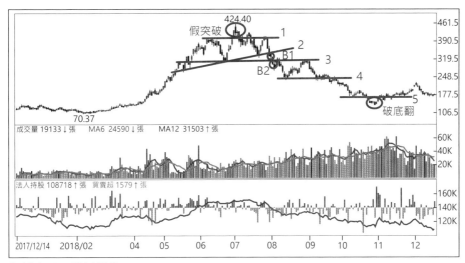

圖3-35 華新科完成頭部後壓力線逐步下移

資料來源：群益證券

是放空者停損點，若重新站回線3之上，放空者要停損。

　　但多頭至此，大勢已去，尤其這種原物料股，一旦因為供需改善而報價鬆動，就很難回頭，即使遇到線4短撐，一度大幅反彈到線3，但終究壓力太大無法越過，股價又轉弱，進一步跌破線4，線4形成新的移動式壓力區，若是站上線4，空方要回補出場；若是沒站上，空單就續抱。

　　隨著股價下跌，成交量不減反增，越來越多想撿便宜的散戶進場，籌碼更加渙散，股價持續下跌也是合理的事，一直到11月上旬，才出現一個站上線5的破底翻，開始有止穩的可能，空方至此就可以完全出場，因大跌一段後，破線翻是空方力竭的訊號，進一步下跌的空間已變小，魚身已吃完，不必要為了多賺一點魚尾而涉險。

華新科上漲5個月見高點，下跌4個月見低點，上漲時間大於下跌時間，但這還算跌得慢的，一般更短時間就可以見到低點，然後進入底部區，築底過程往往要花更長時間，有句話說：「一日頭部百日底」，用來形容底部的漫長。

　　這是空方操作的例子，在壓力區成形，確認轉弱時介入，到達跌幅滿足、大型支撐區或是站上移動式壓力時出場，跟多方操作剛好相反。

Chapter 4

關鍵價投資術的變形版：颱股模式

多頭市場許多股票不到一個月就大漲5成或1倍，要如何識別及操作這些上天掉下來的禮物。

前面章節討論了：只要當一個後知後覺者，就可以讓波段投資者獲得不錯的績效，方法就是選股只選主流股，操作只看關鍵價，主要的精神是利用股價終將反應產業趨勢的特性，在巨大改變出現後，鎖定主流股，找適合的關鍵價切入，在控制風險下抱住波段行情，並在多空力量易位時出場，就可提升波段操作的績效。

一般主流股的趨勢都會有二、三個月以上的行情，有些甚至超過一年，過程大多呈現上漲一段，整理一段，再上漲一段，這是標準版的主流股上漲模式。

實務上有許多狀況是：有些股票在上漲的過程中，只花不到一個月的時間，就大漲5成、1倍或更多，而且這樣的情況並非罕見，只要不是空頭市場，幾乎每季都會出現這樣的飆股。由於在短期內快速飆漲，因此可以稱之為飆股模式，就股價結構來說，本質上跟主流股的波段上漲一樣，都是漲一段，整理一段，再漲一段，但差別在於飆股模式的時間極度濃縮，不管是上漲或整理期，都在很短的時間內完成。就波段投資者來說，應該要喜歡這樣的股票，因為操作上相當具有效率，能在短時間內達到波段投資的效果。但問題來了，飆股通常可望而不可及，買了怕追高，拉回又不敢買，到底飆股該如何操作？如何辨別是否是飆股？又該在什麼地方介入？什麼地方必須設停損？什麼價位又是出場點呢？本章將做一些討論。

颷股模式的定義

█ 颷股的識別

■ 颷股的定義

所有在短期間急漲的股票，都可以叫颷股。以經驗來看，短期間應指在一、二週以內，急漲指至少上漲3成以上。同樣的漲幅，若時間拉長到一、二個月才完成，只能叫上漲，不能叫颷股；雖然在短期內急漲，但上漲幅度不到3成，也很難符合「颷」這個字。

同樣的漲幅，主流股可能要花數月的時間才能達成，但颷股卻在一、二週內就達到，主要原因有二個：

1. 股票過去業績表現不突出，因此股票被人忽視，股價長期處於築底期，或者有上漲，但是認同度不是很高，因此市場上交易的人不多，上漲幅度也不大，籌碼沉澱期很久，沒太多套牢等解套的負擔；

2. 公司出現巨大改變，改變大到足以讓人感到驚奇，進而對未來成長潛力有所期待，因此開始有投資人不計價買入，隨著認同度提高，股價表現亮眼，注意到的人也越來越多，形成一種助漲的態勢。因籌碼輕，漲勢一啟動就十分迅猛。

平時交易平淡的個股，受到大量買盤突然湧入，結果當然就是颷漲。若基本面的認同度較高，颷股模式的上漲期間會拉長，不只

是短期小颷一下，也可能變成主流股的初升段或主升段。

大多數的颷股股本都不會太大，通常股本較少超過50億，因為大公司平時都有研究員在追蹤，營運有一定的軌跡，突然出現巨大改變的超預期表現並不容易。而且股本若大，上漲過程就需要非常很大的資金來推動，不太容易颷起來。另外，在上漲過程中，也會不斷有股票賣出來獲利了結，形成上漲的包袱。除非是整個產業進入一、二十年一遇的超級多頭循環，那就會是產業內的大、小股票無差別的一起颷漲，就像2018年的被動元件，或2021年上半年的貨櫃航運及鋼鐵業。一個產業的超級多頭行情通常一、二十年或更久時間才有可能遇到一次，股價在此時期很容易出現數倍的漲幅，若能有幸遇到，要抱牢一點才不會遺憾。

■ 颷股的走勢

大多數的颷股模式會有三個階段：1. 颷漲一段；2. 短期整理；3. 轉強再颷漲一段。

第一段發生時，通常市場大多數人還搞不清楚發生了什麼事，只有少數主力知道，處於資訊嚴重不對稱的時期，對一般投資人來說，能取得的資訊不足，無法判斷。短期整理是第一段有跟上車的短線客在獲利了結，但主力的大部位無動於衷，仍抱得緊緊的，甚至還是在加碼，此時資訊已漸漸有一些公開。第二段的整理期是一般投資人的介入機會，等再轉強進入第三段時，看得懂的人及敢跟的人就可能坐上順風車成為贏家，猶豫的人就只能看股價一路颷高，再也不會買了。

進入颱股模式後，整理期通常不會花太久時間，因為認同度高，回檔的幅度大多也不會太深，因為回得稍深一點，就會有新的資金進來買形成支撐，而且主力的籌碼也不會太快丟出來，形成一種買大於賣的鎖住籌碼效應。

陽明公司在2021年4月進入颱股模式，第一次急漲一段後，只花二天的時間整理，而且只是小黑K，根本沒回檔到就繼續颱漲，此為第一次的介入機會；一直到5月中旬，才出現一次5天的回檔期，當再度轉強，為第二次的介入機會，接著又創下新高，之後橫向整理8天左右，轉強時為第三次的介入機會（一般投資人介入的好時機），又進入颱漲期，到了6月中旬，回檔2天後，再進行一次末段的颱股行情才結束。整個颱股模式的過程花了3個多月，累積漲幅達3倍，不敢買的人就錯失了一個超級行情。若我們每次整理末端的轉強點出現時，能看清是颱股模式，也敢介入，將不止有湯可以喝，還有肉可以吃。

圖4-1 陽明公司的颱股模式

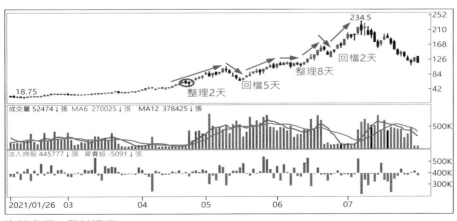

資料來源：群益證券

▋技術面優先，日K線要符合颮股的長相

颮股模式的初期，資訊不對稱的情況比較嚴重，對股票需要有多一點的想像力，只要公司營運未來往好的方向走，過去及現在的財務數字都不重要，也不用太糾結，可以講此時是以技術面優先。

颮股模式除了在技術面有強勢表現，一定還要加上可以想像的基本面巨大改變題材，這是必需的，如此才能完整的拼出一個吸引人的颮股故事。若沒有題材性，純粹是主力硬炒作，或者題材很弱，雖然仍有可能順利颮漲，但基本上認同的人就不會太多，風險也比較大，就不會是我們的選項。

既是颮股，當然就是要看日K線，時間上才來得及，不用管週K線。怎樣的日K線圖才符合颮股模式要形成的長相呢？大多數會符合以下的現象：

1. 還原日K線大約抓半年到一年左右的期間。
2. 日K線走勢呈現左下右上，或者左平右上。
3. 日K線右側呈現量增。
4. 股價開始加速上漲。
5. 有巨大改變的想像題材。
6. 法人或大戶籌碼集中化。
7. 大盤不能是空頭市場。

抓半年到一年的意義是：未來上漲時，不會有短期的解套賣壓，較容易順利颮漲。日K線不能是空頭架構，最好是已經整理出底

部，已經有開始緩漲的形態也可以，因為表示已有主力進場布局。上漲量增是主力進貨的正常現象，若是上漲量縮，只能出現在漲停板，沒有賣盤的情況下，因此日K線右側成交量要大於左側，代表有主力開始進場。

股價要開始動了，才是飆股的訊號。我們不需要，也不太可能買在起漲之前，若真的買在起漲之前，應該只是運氣好而已，因此當股價轉強了，才是飆股模式正要開始的訊號。

有巨大改變說起來比較抽象，但卻很重要，可以參考第二章中的說明。飆股模式的巨大改變出現時，不一定會看到基本面財務數據，因為財務數字有落後性，來不及驗證，此時我們要發揮一點想像力，用望遠鏡來看未來的可能機會，先以樂觀的角度想像為何有人敢這樣子砸大錢買，不計價的買，會有助於我們提早做出判斷。勿忘市場中一定會有人能提早知道基本面的變化，技術面表現出來的一定比基本面數據來得早，若這個買盤是來自三大法人或大戶，等於是投了一個贊成票，增加成為飆股的可能性。

天鈺公司主要產品是驅動IC，2020年12月突然出現連續性的飆漲，當時的K線符合左下右上的形態，成交量明顯較K線圖左側放大，股價急漲，可視為飆股模式。急漲一段後，只整理三天，就又繼續飆漲，此時我們已經知道驅動IC供需吃緊，主因NB及TV等遠距需求熱絡，屬於成熟製程的驅動IC產能吃緊，有漲價的題材。在資訊尚未廣為人知時，股價就開始大漲，顯示早有人知道產業景氣動能強勁，成交量放大是主力進場布局的跡象，可以看到三大法

人也有進場布局。若我們在整理期附近切入，不但可以跟上颱股模式，事後來看，這還只是主流股的初升段而已，後面股價大漲最高來到391元，是大漲數倍的多頭行情。

圖4-2 天鈺公司颱股模式分階段上漲

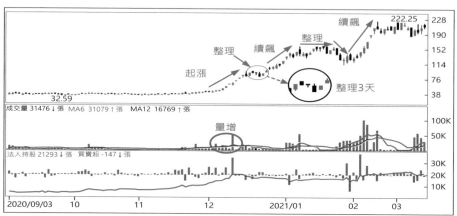

資料來源：群益證券

▊ 賭局：成功變成颱股的機率

不管是哪一種投資方法，本身都帶著賭的成分，因為天有不測風雲，無法事先把所有變數都做準確的預測。以前面章節的主流股投資方法來說，賭的是主流股會反應基本面趨勢而持續上漲，但有沒有可能賭錯？當然有可能，因此我們採用關鍵價的停損點來幫助我們控制風險，若沒有被停損，就會延續波段上漲的趨勢，直到出現反轉為止。

只要不是空頭市場，幾乎每季都能看到幾檔急漲的股票，有些個股看起來符合颱股模式初期時的長相，但尚無法判斷是否能成功

變成大波段的飆股，這時還是需要一點賭博。主流股操作賭的是主流股趨勢可以持續，飆股模式賭的則是急漲股成功變成真飆股的機率，因為並非每一檔長得像飆股的股票就真的變成飆股。

市場中的假飆股並不少見，日K線形態一樣呈現左下右上，成交量放大，股價也急漲一段，跟飆股模式的長相符合。但假飆股漲了一段後，波段行情就結束，而不是整理過後繼續飆。飆股成功續漲的機率既然不是佔多數，那為什麼我們還要做這種機率沒有明顯大於5成的交易呢？

因為預期報酬率夠吸引人！

我們選股並不需要跟神射手一樣，百發百中，選的10檔中只要有3檔是真飆股，預期報酬率就會有吸引力。我們做個假設：

用同一筆資金，前後共做10次的飆股模式操作，在這10檔股票中，若只有3檔是真飆股，報酬率假設有30%；5檔是假飆股，報酬是虧損－5%；2檔是佛系股，不漲也不跌，報酬率0%。做這種假設並不會過度樂觀，我們用簡化的方式概估，這10次交易的損益加總起來，預期報酬率會是3×（30%）＋5×（－5%）＋2×（0%）＝65%。

總共交易10檔股票，平均每次交易一檔飆股的預期報酬率是6.5%，雖然這只是一種經驗值，但其實結果還不錯，飆股模式的交易不用太長時間，年化報酬率會高一點。飆股模式我們在意的是預期報酬率，飆股模式一旦成為真飆股，實務上漲5成，甚至1倍以上

都有機會，我們賭的預期報酬率可能會更高。

若能利用巨大改變的可能性來當成多一層的過濾，並以法人及大戶籌碼是否集中化來當另一層的過濾，選中真飆股的機率還可再往上提升。

完全符合上述條件的飆股可遇不可求，因此，我們並不會把飆股模式當成主要的交易方法，投資的部位也會有所控制。股價符合飆股模式初期的長相，而且在題材性及籌碼面皆正面的股票並非時時都有，但是一旦出現時，通常可以帶來驚喜，值得賭一把。

市場中若飆股模式的股票數量多時，則股市有很大機率是處於多頭市場，不僅可以做飆股模式，原來主流股的操作也可以較積極；當市場上很難找到飆股模式的股票時，意味主力資金沒有在裡面玩，也代表股市可能已進入空頭修正期，此時投資就應該要保守一點。因此，飆股模式不僅可以當成一種較靈活的操作方法，也可以當成市場氛圍的指標，我們可以善加利用。

飆股模式的操作

▎ 操作模式

一般人看到飆股時第一反應通常是：買不到啊，開盤就鎖住了～

不然就是：漲太多了，不敢買啦～

飆股這麼迷人，難道我們每次都只能錯過嗎？有沒有比較合理的操作方法呢？

飆股的走勢其實大多會有特定的模式，急漲一段，短期整理，再急漲。若是大波段的飆股模式，急漲段可能不止二次，因此確實是存在介入的機會。

股市中有句老話說：「盤整出飆股」，其實這話只有說一半，要出現飆股還是有條件的，而要如何參與飆股的波段呢？跟我們常在講的波段操作法精神類似，但不同的是飆股模式的介入點只有一種買點：中繼整理後的B點。

■ 為何盤整出飆股？

所謂出飆股的盤整，是發生在大盤已經漲一段後的盤整。因為人氣已經回籠，很容易用題材來誘發投資人跟進，甚至有時利多不用見報，只要股價強勢，就能吸引市場目光，市場自己會去找答

案。雖然大盤空間只在一個有限區間內波動，但中小型股卻可以用個別題材，在主力的拉抬下飆漲，且因短期大盤大跌風險不大，主力有恃無恐，拉完一檔接一檔。若是多頭市場，出現飆股的機率自然會更高，但那時主流股會更吸引我們的注意，因為可以配置較多的部位，那才是正規軍。

■ 如何參與飆股行情？

首先，操作飆股的心態是不太一樣的，要先認同強者恒強的飆股模式。這跟我們一般波段操作者在底部完成後布局不一樣，現實中很少人能在飆股的底部抓到，若抓到不是運氣就是有內線，但機率很小，一般投資人可以做的是在中繼整理時介入。

飆股的股價模式大致如下：

底部 ⇒ 起漲 ⇒ 中繼整理幾天 ⇒ 轉強 ⇒ 第二波飆漲 ⇒ 大幅震盪作頭或是再轉強，進行下一波飆漲

其精神跟中繼整理波的B點突破時介入是一樣的，只是把中繼整理所花的時間由中期縮短為幾天而已，但難在哪裡？難在一般人的心態。很難接受去追短線急漲的股票，因為等到中繼整理時，飆股可能已經股價漲5成、1倍，甚至更多了，此時會讓人覺得回檔應該會回很多，什麼費氏系數的拉回0.382或是0.5之類，或是10日線或月線等均線的猜測，但主力操作飆股一輪大多就是1至3個月的時間，一鼓作氣，時間不能拖太久，因此回檔時間也都是不會太長。

中繼整理再轉強時，就是最佳介入點！

股價漲多會有個獲利了結的賣壓要消化，即便是飆股，也會有這樣的中繼整理。因為股票不是主力一個人買上來的，沿途還是有其他的投資人跟進，所以會有換手的機會，主力若在此時就把手裡的股票倒出來，勢必沒有人接手。因此必須把股價的距離再拉開一大段，才會開始邊拉邊出，通常會有第二段的漲勢。

當股價由10元急漲到30元時，投資人不敢買，因為漲太快，怕追高會套牢，回檔到25元時會遲疑，覺得好像真的要回檔了。但若又再轉強大漲創新高時，可能就怕沒賺到而開始追進。

當飆股進入整理時，我們就應該要開始留意，一旦又轉強，出現長紅K、突破短壓或者跳空上漲時，就可以介入，表示整理已足夠，很可能要進行下一段飆漲。

停損點設在中繼整理的低點即可！

對飆股來說，第一次的回檔大多還是介入機會，但要把停損設定好，以防止變成假飆股。停損點應該設在轉強點前的整理期低點。若是破了低點，表示回檔的幅度不夠，並非再上攻的時間；但若回檔得太深，就很可能不是真飆股，就要停損出場，停損點永遠是我們投資時的最高保命原則。

若是順利轉強繼續飆漲，就續抱即可，等新的移動式支撐出現，一樣採用前一章提到的出場方法，在跌破移動式短撐或者假突破時出場。有時飆漲過程都沒有出現明顯的移動式支撐，可採用更

保守的做法，出現爆大量長黑K時就出場。

　　颱股模式的操作比較刺激，颱股大多都是中小型股，股價波動大，風險也較高，並不見得適合每一個人，因此要量力而為，可以參與但不宜重押，除非正好也是剛成形的主流股，那就颱股可以跟主流股一樣地配置資金。

圖4-3 常見的颱股模式介入機會與停損點

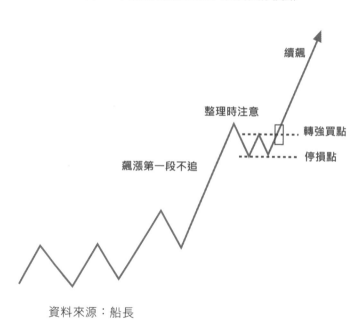

資料來源：船長

▌ 颱股模式範例

【例1】

　　德宏公司為電子玻纖布製造廠，2021年因上游玻纖絲新增供給

有限，下游PCB需求旺盛，玻纖布產品開始漲價，德宏的基本面出現巨大改變（Big Change），產品漲價，毛利擴大，獲利上升。

事後來看，股價呈現超大波段的上漲，半年之間漲幅約10倍，在中間上漲途中，若我們視若無睹，其實是相當可惜的。因為上漲過程中，出現了6次以上的介入機會。

颶股模式的最佳介入機會是整理結束轉強時，只要把停損點設在整理的低點就可以：

點7是初升段的第一次整理，因為籌碼非常穩定，一旦有投資人想用多一點的資金進場布局就很容易漲停，越容易漲停的颶股越值得我們留意。這次整理只有二天，第三天又以跳空漲停的方式續漲。

點6因為上漲的幅度已達1倍，有一些獲利了結賣壓，整理的過程稍長一些，約一週多，但在點6再轉強時，若能介入，又是下一段颶漲。

點5只有稍微整理了3天，又出現轉強K棒。

點4之前整理了6天，然後又以跳空大漲突破新高。

一直到點3、點2的大漲，都沒有出現假突破或是跌破移動式支撐的現象。

7月下旬跌破線1，終於出現假突破，就是出場點。

在點6之前，成交量一直不大，在點6之後，成交量放大，符合颶股模式：右側大漲且量增，也有巨大改變出現。若我們在點7～點

圖4-4 德宏公司颶股模式

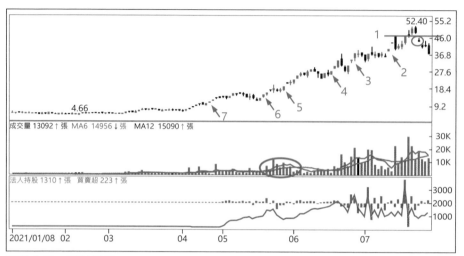

資料來源：群益證券

圖4-5 德宏公司2021年第一季本業轉虧為盈，公告日是在5／13，但股價早就開始大漲

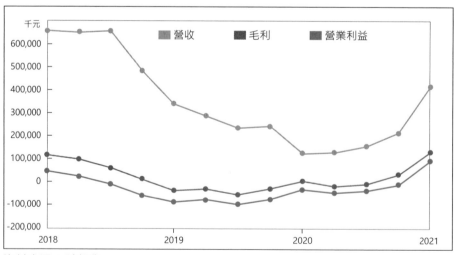

資料來源：財報狗

2任一個轉強點介入，把停損設在整理的低點，則都沒有停損點被觸發，所以就可以一路抱到假突破。整個波段利潤可觀，這就是颶股模式的迷人之處。

【例2】

圓展公司生產視訊會議產品，在2020年Covid-19疫情擴散後，遠距上班及教育需求出現爆發性成長，公司營收大幅成長。

2020年7月時出現第一波颶漲，符合颶股模式：K線圖左下右上，量能增溫，股價急漲，且營運出現巨大改變。

7月下旬急漲後進入整理，期間約一週多，在點6出現轉強長紅K棒，這是一個買點，停損點設在整理期的低點。

漲二天後又小平台整理，在點5出現轉強的長紅K棒，這也是一個買點，停損點設在整理期的低點。

點4及點3也都是整理後的再轉強，也可視為買點，停損點設在整理期的低點，但此時累積漲幅已不小，介入的部位就不能太大。

在整個上漲過程中，都沒有出現假突破、跌破移動式支撐，或者爆大量長黑K，所以可以一路抱著，一直到達點2時才改觀，不但是爆量長黑K，也是跌破線1頸線的假突破，二者皆是賣出訊號，在颶漲過程中，出現了4個介入點，怎能說沒機會呢？對吧，只要把停損點設定好，賭金輸了就認了，但若是沒有輸掉，就可能是大波段的行情。

圖4-6 圓展公司的飆股模式

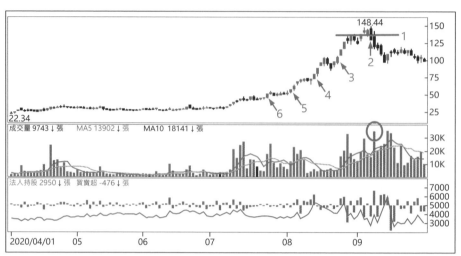

資料來源：群益證券

圖4-7 圓展公司月營收在6月就開始上升，7月則進一步大幅跳升，
但股價在8月初營收公告前就先起漲

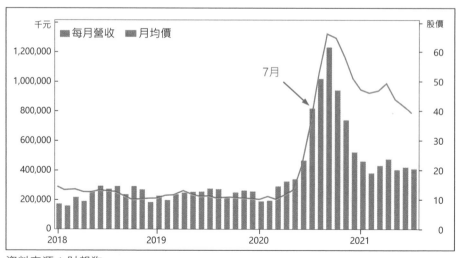

資料來源：財報狗

—— **Chapter 5** ——

不要忽視大盤
對投資的影響

覆巢之下無完卵。

前面章節我們討論了主流股的投資方法，這章我們再補充一下實戰操作時常會遇到幾個問題，首先就是大盤要如何判斷，所謂「覆巢之下無完卵」，絕大部分的個股都會跟大盤有連動關係，只要個股的Beta不是零（Beta若是零，則個股股價變動跟大盤無關），大盤的多空對個股就會有影響力，只是影響程度的差別而已。

當大盤為多頭時，主流股的操作可順水推舟，事半功倍；當大盤空頭時，再好的股票也不易有優異的表現，因此我們有必要對大盤有一些判斷，適時的調整持股的水位，以降低風險，提升投資績效。本章我們就來討論一下如何簡要的判斷大盤多空。

影響大盤長期趨勢的因子：
景氣、資金及政策

我們大部分人都不是經濟學專家，建置一套複雜的模型來預測經濟對我們來說太困難，也不切實際，但坐飛機的人不需要會造飛機，不懂經濟預測絲毫無礙於我們投資股票，我們只要會使用資訊就可以了。

許多人喜歡用經濟數據的好壞來預測大盤將如何走，其實是本末倒置的想法。股市的漲跌已持續反應所有的經濟數據及心理預期，因此就算是經濟數據中的領先指標，對股市來說，也只是落後指標，頂多只會在大幅超乎預期時反應個一、二天，經濟數據只有預測錯時，才會對股市有影響。經濟數據若是用來驗證大盤是否偏離實體經濟太遠，還勉強說得過去，但要拿來預測股市的未來走勢，恐怕會大失所望。

影響股市長期趨勢的變數很多，最重要的因子有3個，分別是：景氣、資金及政策。對一般投資人來說，只要知道這三大因子在可預見的未來是否會出現轉折，剩下的事就全部回到股市上來看就可以了。股市反應的不止是經濟趨勢，也反應了心理預期的變化，更全面的反應所有的變數，因此只有股市自己才是領先指標。

景氣、資金與政策三大因子雖然看似獨立，但依據經驗，三者

間常會存在關連性。比如經濟不好時，政策就會偏多，推出積極的財政政策，並以寬鬆的資金政策來刺激景氣；當景氣過熱時，政策就會趨於中立，資金政策則會轉為緊縮。以一國執政者的角度來看，政策是達成政治、外交、經濟及獲得選票等目的的工具，政策推出時，常會對股市有副作用，比如中美政治角力下的貿易及科技戰，台股的許多企業就會感受到經營環境有巨大的變化，對股價也會有不同程度的影響。對股市來說，三個因子之中，任何一個出現轉折時，都會對股市造成衝擊，若是出現二個轉折，股市可能會大幅變動。

當因子還沒出現轉折，但開始有即將轉折的心理預期出現時，就會對股市有影響，比如原本的資金寬鬆政策已執行一段期間，隨著經濟步入常軌，市場開始有人預期央行會結束寬鬆轉為緊縮，雖然還沒真的開始做，但只要市場相信的人越來越多，就會產生預期心理，並對債市及股市有實質的影響。又比如2020年Covid-19疫情全球大流行，造成各國封城、產業供應鏈斷鏈，經濟急速萎縮大幅衰退，但當我們看到政府持續推出救助方案，對人民及企業補貼撒錢，就可以預期未來景氣必將逐漸復甦，加上資金也同時會採取寬鬆政策，更有利於復甦的力道，此時，景氣雖然還很糟，但股市就會開始上漲。

三個因子中，只要有二個以上是正面，股市行情就容易上漲；如果只有一個正面，或有機會漲；但若全部負面，股市大致上就偏弱。我們注意到一件事，各國政府負債金額持續攀升已成為財政收支的常態，為避免龐大的利息壓垮政府財政，必須維持低利率環

境。但有好就有壞，靠利息收入為主的退休基金或保險公司，無法在債券上獲取必要的報酬率，只能多配置資金在股市上，否則入不敷出終會破產，因此維持股市多頭，已成為當今各國政府的財經政策目標之一。股市會創造人民的財富效果，也有利企業募資投資，進而支持經濟繁榮，甚至影響到人民的選票。

▌ 景氣：採購經理人指數最重要

從股市的角度來看，景氣是股市長期趨勢的伙伴或主人，也是股市趨勢延續的底氣。景氣向上，股市就不易走入空頭；景氣向下，股市就很難大漲，除非有積極的資金寬鬆政策及財政政策來托底。

用來觀察景氣的經濟數據本身其實不是那麼重要，因為等到公告時，已是落後指標，預測的準不準也不是太緊要，因為預測不準是常態。一開始預測得再準，也不太可能讓所有人相信，持續動態地修正預測，才是正常的運作形態。

只有預期經濟將出現轉折變化時，才會對股市有影響力，預測由下往上修，對股市是正面的；預期由上往下調，對股市則會有負面的效果。更精確一點的說，只要景氣動能沒有出現轉折，每天公告的一大堆經濟數據，對股市來說，都只是雜音而已。

景氣指標多如牛毛，若要選擇實務上最廣為應用的一個經濟指標，那非採購經理人指數莫屬。這個指數是一種信心調查，針對抽樣企業中的採購經理人，統計他們對未來景氣展望的信心，跟一般

記錄經濟表現的數據相比，更具有參考性，因為隱含了對未來的預期，較具有前瞻性。大多數國家都會編制採購經理人指數，有的是官方，有的是民間機構編制，指數的調查範圍包括製造業與非製造業。編制的細節不盡相同，台灣的採購經理人指數主要是參考美國ISM（Institute for Supply Management, ISM）的編制方法，其中製造業以新增訂單數量、生產數量、人力僱用數量、存貨，以及供應商交貨時間等5項細項擴散指數（Diffusion Index）綜合編制而成；非製造業組成項目則包括商業活動、新增訂單數量、人力僱用數量，以及供應商交貨時間等4項擴散指數。

對一般投資人來說，要了解的是：採購經理人指數介於0%至100%之間，若高於50%，表示製造業或非製造業景氣正處於擴張期（Expansion）；若低於50%，表示處於緊縮期（Contraction）。當指數由高峰逐漸往50靠近時，就要謹慎，因為景氣動能正在減緩；當指數掉到50以下，意味景氣緊縮即將到來；當指數由谷底逐漸往50上升時，景氣可能已經落底，準備復甦；當指數站上50時，意味景氣正式步入成長的週期。

圖5-1的柱狀部分是美國製造業採購經理人指數，在2012至2021年間，曾出現3次的景氣趨緩。柱狀的指數掉到中間值50之下，大約都維持數季的時間，而同期間經濟動能減緩，股市的表現比較容易出現震盪或修正，可是一旦指數的低點過了，股市就會重新反應景氣動能而上漲；相反地，採購經理人指數自高點往50靠近時，負面影響力就沒那麼大，因為只要維持在50之上，景氣就仍是擴張，只是趨緩，未必會進入衰退，若有其他因素支持，股市仍可因熱度尚

存而續漲。

即使採購經理人指數與股市有一些關連性，但因其調查週期為一個月一次，等到看到數據時，股市可能早就有所反應，因此不宜將此指數當成股市的預測指標。實務上，出現50附近的多空轉折，以及由最低點開始往上收斂，這二種情況比較值得注意。

除了採購經理人指數外，若由企業展望的角度來看景氣，可能更具時效性，但資訊的取得比較破碎。由大型公司的法說會、股東會，或者研究機構的投資展望及財經資訊等不同來源，去拼湊出一個大致的方向，若預期未來一段期間，營收及獲利可向上成長，且短期內沒有反轉的疑慮時，股市投資人就會有信心買進並持有；相反地，若企業展望變得不明朗，甚至轉差時，股價下跌反應會比經濟數據領先很多。因此若想把股市與景氣做連結，平時仍需留意大型企業的營運展

圖5-1 美國製造業採購經理人指數與美股及台股走勢

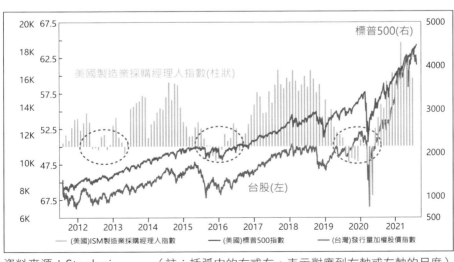

資料來源：Stock ai　　　　（註：括弧中的右或左，表示對應到右軸或左軸的尺度）

望資訊。投資時，資訊取得越快的人，越容易佔上風。

▌資金

　　股價是由錢堆出來的，沒有錢來買股票，股價不會漲，因此資金對股市有重大的影響力。民間雖有很多錢在流通，但回到錢的源頭來看，錢的發行數量是由央行決定，錢的計價單位—利率，也是由央行來決定利率的基準，因此錢的量跟價都跟央行政策息息相關。

　　央行執行貨幣政策，是為了達成物價穩定與經濟成長等最終經濟目標，由於貨幣政策工具從執行到最終目標之達成，時間上會有落差，因此央行須先選擇與最終目標密切相關之中間目標，藉以確保當中間目標達成時，最終目標也將得以實現。

　　上述央行職能的意思是，央行會步步為營地執行各式政策，以期能達成最終目標，所以經濟成長預期不好時，可以推寬鬆資金政策。一個政策不夠時，就推第二個政策，直到有用為止。預期物價有上漲的壓力時，可以採持續性的緊縮貨幣政策來壓抑通膨，直到有效為止。央行的這些動作，不只會對物價穩定與經濟成長產生作用，對股市也會有副作用。很多時候，其影響力不亞於景氣對股市的作用，甚至有領先作用；比如遇到黑天鵝式的崩盤時，像是2008年金融海嘯及2020年新冠疫情，央行啟動強力的寬鬆資金政策，不需要太長的時間，股市就會落底反彈，但景氣則必須過幾個月後才會開始復甦。因此我們在景氣蕭條、股市崩跌時，要特別留意央行打的信號，那可能是財富重分配的重要時刻。

圖5-2為美國標普500指數的走勢，FED基準利率在2008年金融海嘯時，將基準利率連續下降到0.25%，採行強力寬鬆貨幣政策來拯救美國經濟，雖然經濟當時仍低迷，但標普500指數在2009年已走出谷底，展開長期的多頭波段，利率政策成功救了股市。

　　2016年美國經濟成長穩健，甚至有一點過熱，FED基準利率逐漸拉高，但因此時經濟成長仍強，升息對股市的影響性減低。

　　2020年全球Covid-19疫情大流行，美國累積確診人數達數千萬人，許多州採封城措施，餐飲、旅遊及娛樂等各式人群會接觸的活動都暫停，經濟大受打擊。FED除了將基準利率快速下調到0～0.25%，並透過公開市場買進政府債券及公司債，釋出大量資金。廣義貨幣供給量（M2）年成長率最高飆升到27%左右，大幅超越過去4%至10%的區間，經過此次的超級量化寬鬆政策，標普500指數走出修正期，展開強勁的上漲，並在短期間內持續創下歷史新高。寬鬆的貨幣政策成功救了股市。

　　資金政策的影響力在經濟危急時刻，往往比財政政策更能及時的發揮作用，股市反應信心，也反應人民的財富效果，讓股市維持多頭繁榮，或許是現代央行不可避免的任務之一。對一般投資人來說，有句話說：「千萬別跟央行做對」，意思是央行手握利率與貨幣數量二大工具，當央行想達成某個目標時，一定會有足夠的力量去達成，跟央行政策反向而為，只會自找麻煩，當央行採積極的寬鬆政策時，千萬不要看空股市！

　　我們關注資金面的重點在於何時會出現轉折，比如何時會升

息？何時會結束量化寬鬆？當央行的資金政策在可預見的未來會有轉折時，債市資金就會開始移動，間接造成股市也會進入震盪。若市場發現，景氣動能仍可保持強勁時，股市的回檔反應就不會太長，仍會維持多頭。

FED為避免對金融市場造成太大的衝擊，貨幣寬鬆政策的幅度可以大於市場預期，但貨幣緊縮政策則不可以高於預期。通常推出緊縮政策會比較謹慎，會事先給出一個指引，透過許多討論或釋放風向球，讓市場逐漸接受貨幣政策即將轉向，再來採行穩健的緊縮動作。因此近十多年來有個說法，稱FED的政策是FED PUT；所謂PUT是選擇權的賣權，只要買了PUT，就可以針對下跌風險進行鎖定。白話來說，就是股市若漲了，沒事；若是跌了，FED會出來用貨幣政策來護盤，像是FED保護大家的下跌風險一樣，所以叫FED PUT。

圖5-2 FED基準利率、M2貨幣供給年增率及標普500指數

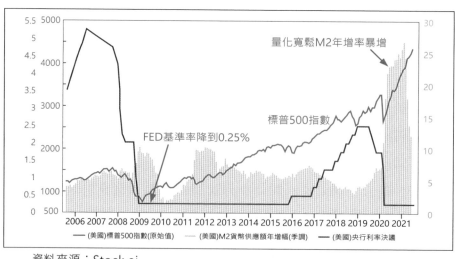

資料來源：Stock ai

政策

除了不能跟央行作對，也不可以跟國家政策作對，因為遊戲規則是政府制定的，政府擁有龐大的資源，當執政者想達成某個目的時，便會運用所有可用的資源，或預算、或法令、或外交、或稅務、或補貼、或禁令、或行政資源等工具，面對雷厲風行的政策推進，順勢而為才能當存活者。

2017年中美貿易戰的前哨站，發生在中國的中興通訊（000063.SZ）上，美國以違反出口禁令為名，制裁中興通訊的產品，結果公司出不了貨，業績一落千丈，股價在幾個月之內，跌到只剩1／4。後續有更多公司因涉及中美之間的政府對抗，而淪為祭品，若忽視政府的政策，結局可能會很慘烈。

2021年第二季中國開始加強對網路平台的管控，不管是線上補習班、線上音樂、線上遊戲或網路叫車等手握網路資源的平台公司，大部分受到牽連，許多公司股價出現崩盤，像是在美國掛牌的中國補習班業者好未來（TAL），因一紙禁補習令，股價在幾個月內跌掉了9成以上；在香港掛牌的中國通訊平台騰訊（700.HK）因線上遊戲平台市佔很高，加上簽訂了許多線上音樂的獨家授權，也樹大招風引來關注，公司主動釋出音樂的獨家授權，降低線上遊戲上架數量，限制個人上線時間，並提撥1,000億人民幣的基金，以配合政府政策，推動社會公平、環境保護、照顧弱勢、共同富裕等活動，不過股價還是在幾個月內下跌了2成以上。有許多人說中國股市是政策市，一切以政策為依歸，政策對股價的影響力最顯著，這點

是說對了。因此若只是低著頭，忙著用傳統財務評價方法來計算這類公司的價值，有可能會漏掉最重要的影響因子—政策。

2021年中國推動碳中和計畫，縮減高耗能高污染產業的產能，玻璃行業受此政策影響開始減產，加上疫情後推動基礎建設的需求上升，逐漸改善供過於求的長期結構性問題，玻璃報價出現二十年難得一見的上漲。台玻受惠此波產業景氣復甦，營收及獲利出現轉機，股價在6個月內大漲近7倍，中國政策的推動不但影響中國產業，更間接影響到台灣的上市公司。

台灣或美國等市場為法治國家，新政策通常會經過一段時間的討論修訂，才會在國會中通過並付之實施，但新政策變動的影響一樣具有巨大影響力，只是大家比較有時間做心理準備。2021年高端疫苗受政府委託，研製國產Covid-19疫苗，政府承諾購買1,000萬劑，在疫苗通過二期臨床實驗結果公告之前，股價已提早發動，在4個月內就先大漲3倍，因為有政府的支持與保證，投資人就對未來的業績有信心。

台灣政府推動2025年離岸發電198億度的綠能計畫，以優惠的電力收購價吸引國際業者投資，離岸風電設定國產化的一定比例，以期台廠能在技術移轉中得到未來的商機，上緯投控也與國外業者合作，參與其中一個標案，2019年第四季完成發電的併聯，共有20支海上風力發電機，合計120MW。2020年Covid-19疫情之下，百業受到衝擊，像離岸風電這種有政府支持的產業，可預見的業績就顯得相對有保障，股價半年內大漲2倍多，政策的影響力顯現。

圖5-3 高端疫苗日K線圖

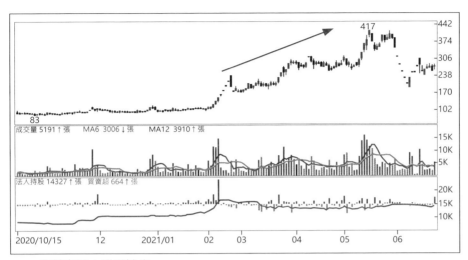

資料來源：群益證券

影響大盤的短期因素

　　影響大盤的因素非常多，而且可能會有複雜的交互作用，正確判斷大盤的方向並不是件容易的事，但我們仍要儘量有邏輯的找到關鍵因素，以簡單扼要的方法抓到大盤的主要趨勢，以免陷入見樹不見林的窘境。

　　影響大盤長期的因素主要是上述的景氣、資金及政策，而短期的因素則是反應最新的資訊及投資人的預期心理，說起來有點空泛，但最終都會反應在股票的具體成交量與成交價上，我們可以透過籌碼面及技術面的變化去解讀市場的想法，找到大盤的關鍵價，預判大盤的多空是否出現轉折，讓我們可以適時的調整持股水位。

　　市場每一位參與者的買或賣都會對大盤有貢獻，但不是每種參與者都能決定大盤的方向，不同的參與者能提供不一樣的參考性，在判斷大盤時，可以綜合來看，以提高準確度。

▌ 籌碼面

■ 外資：台股最大的主力

　　外資包括境外專業機構法人、境外華僑、外國自然人、海外基金及陸資，如果全部加起來算，外資的資金十分雄厚，目前持有台股的比重約4至5成之間，是台股中相對大的參與者。外資在單一

市場的進出常會有階段性的動作，買進時常有一段時間是持續性買進；賣出時也常會有連續性的賣超，因此，外資的進出動作很容易產生趨勢性的影響力，看台股首先要看外資的動向。

另外，外資在台股資金的進出也會反應在台幣的匯率上，通常台股與台幣匯率的走勢是相反的，當外資湧入台股，台股上漲，台幣升值，匯率就往下走；相反地，當外資減碼台股，台股下跌，台幣貶值，匯率就會往上走。這是通例，但也有例外的情形，比如在2020年及2021年，外資雖然大賣台股，不過內資大買，甚至從海外匯回資金來買台股，於是抵消了外資的賣壓，台幣也沒貶值，維持相對的強勢，世上所有事都會有例外發生，我們不能什麼都套上同一個結論，要抓到變化的成因才能正確解讀。

並不是所有外資都是真的從國外拿錢來台灣買股票，有一些外資的身分其實是國內的主力大戶或大股東，也就是俗稱的假外資。這些資金常會在中小型股上著墨，跟真外資以大型權值股為主要投資標的不同，因此，若發現有些中小型股有外資著墨時，要留意一下，並不一定是這檔股票基本面有多好，好到連外資都來買進，此時就要多注意風險。

判斷大盤比較常看的指標有：外資現貨的買賣超、外資期貨未平倉部位的增減方向、外資選擇權未平倉部位的多空方向及台幣匯率，我們用二張圖來說明。

圖5-4為台股指數及外資籌碼變化：

第一欄為台股大盤走勢；

第二欄是外資現貨買賣超，當外資出現連續性的買超時，台股極容易出現波段上漲行情，是做多的訊號；當外資連續性大賣時，台股很容易出現修正或是下跌波段，除非內資的力量更強大，可以消化掉外資的賣壓，否則應要偏向保守。圈1至圈4等處，都是外資在現貨連續大買的階段，指數的漲勢都比較明顯；其他沒有連續買或者出現賣超的地方，指數就不容易有持續性的漲幅，或是進入區間震盪，若是處在空頭市場，跌幅會反應得更激烈。

第三欄是外資期貨選擇權未平倉口數的淨加總，當對後市看好時，選擇權的未平倉量會持續性的以多單為主，與現貨買賣不一定完全一致，但會有相呼應的現象；當選擇權未平倉量由多翻空時，表示外資心態上轉趨保守，指數不一定會大跌，但至少上漲的步伐將比較蹣跚；當選擇權未平倉量由空單轉多單時，代表外資保守的心態解除，雖然未必會開始漲，但往下的賣壓將會減緩很多。圈5處選擇權多單逐漸減少，最後變成空單，上漲的力道就開始減弱；圈6處選擇權由大幅的空單轉為多單，指數進入強力的反彈行情；圈7處雖然空單轉為多單，但極為平緩，代表外資心態上只是轉為中性，並非強力看多，因此指數呈現區間盤；圈8處由多單轉為空單，初期沒有太大衝擊，只是漲勢減緩，外資認為不易上漲，過了2、3個月後，才忽然出現一個急挫的行情；圈9處裡小幅的多單開始轉為明顯的空單，外資心態轉保守，台股不久後就出現一波修正。

第四欄是外資在期貨部位的淨平倉部位，以前部位的多空具有指標性，但後來新加坡期交所的摩台指期貨結束交易，許多台指的避險、套利及價差交易移轉到台灣期交所來做，外資的期貨未平倉

量呈現淨空單變成常態，絕對值大小就不是重點，而是看是否轉向，若是突然的連續大增或大減時，還是有參考作用。

NBA獨行俠隊的戰績好或壞，首先要看主控後衛Doncic的表現；台灣桌球代表隊戰績高或低，要先看小林同學（林昀儒）的表現，我們要先抓到關鍵性的重點，同樣的要看台股大盤，也必須先看外資。

外資是台股參與者中的大咖，若是真的看多或看空台股時，買賣超常會有連續性，若出現這種比較強烈的連續性買超或賣超時，便可做為台股後市的重要判斷依據；但若沒有連續性時，買賣超出現中斷，或是忽買忽賣時，參考性就較低，但也代表台股少了一個大咖的支持，進入區間盤的機率就上升。

圖5-4 台股指數及外資籌碼的變化關係

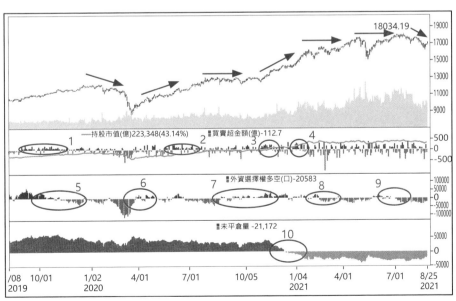

資料來源：籌碼K線

另外，我們可以用台幣匯率來做對外資的資金流向做雙重確認，圖5-5為台幣及台股走勢圖，台幣升值時（實心箭頭往下為升值），台股大多是上漲趨勢，因為升值代表錢是流入台灣，股市容易獲得資金活水；台幣貶值時（實心箭頭往上為貶值），台股大多是下跌趨勢，因為錢是流出台灣的。長期來說，二者具有顯著的關連性，但無法百分之百的相互預測，最大意義是用來檢視外資對台股的買賣超是否為真的流出台灣。若為淨流出，台幣會相對貶值；相反地，若外資在台股為淨賣超，但台幣卻沒有趨貶時，可能代表有更多錢匯回台灣，抵消了外資流出的力量，或者外資只是暫時賣出股票，但沒有真的離開台灣。台幣可做為檢視外資流入或流出的再確認。

圖5-5 台幣及台股的連動關係

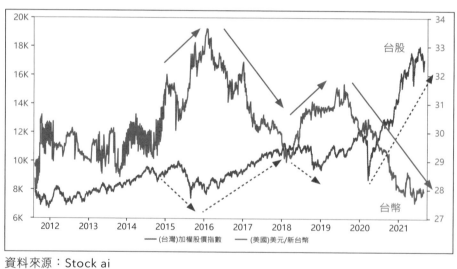

資料來源：Stock ai

■ 主力大戶、投信及散戶：跟隨主力大戶及投信，把散戶當反指標

以大盤參與者來看，除了外資，但還有很多非外資的大戶，對市場也有一定的影響力，這些主力大戶可能是大股東、保險公司、投信、退休基金、投資公司或個人中實戶等不同的投資人。這些人的動作若是方向大致相同時，其影響力也不輸外資，因此可以做為我們觀察大盤的參考之一。但主力大戶並沒有特定的身分，也沒有公告買賣超資訊，我們只能憑公開資訊去推測，最常使用的指標是期貨選擇權的未平倉量，將賣權（PUT）及買權（CALL）的未平倉量相除得到的比例，也就是PUT／CALL Ratio或是P／C比，可當成最簡單的觀察指標。

P／C比為什麼可以當大戶的指標呢？這是莊家的觀念，只有主力大戶有能力當大莊家，賣出選擇權，收取選擇權的權利金。當賣方理論上有無限大的風險，但若做好避險操作，等到期時權利金歸零，莊家收取的權利金就全部入袋，長期累積起來利潤也很可觀，因此許多主力大戶喜歡當莊家賣出選擇權。用另一個角度，也可以說沒有實力或心存僥倖的莊家，可能在一次的大行情中就輸光出局，還能留在選擇權市場中當大莊家的，都是很有實力的。

當莊家有賣出PUT（賣權）未平倉時，代表莊家認為大盤不太會跌，到期時，價外的PUT權利金都會歸零，等於是莊家可以收下全部的權利金；當莊家有賣出CALL（買權）未平倉時，代表莊家認為不太會漲，到期時，價外的CALL權利金都會歸零，等於是莊家可以收下全部的權利金。當然莊家也有可能看錯，所以正常來說，莊

家會設定防錯機制,在價外一點的地方,再買進PUT或CALL,讓損失可以控制在一定的範圍內。

當PUT／CALL的比值越高時,代表:認為不會跌的莊家部位比較大,不管它的依據是什麼,這些主力大戶的看法就是偏多;相反地,比值越小時,主力大戶的看法就是偏空。通常P／C比大於120%以上時,偏多的力量比較強烈,越高時主力看法就越偏多;P／C比低於100%時,偏空的力量比較強烈,越低時主力看法就越偏空。P／C比由高點往下跌破120之下往100走時,波段下跌的機率提高;相反地,P／C比由低檔往上穿越100,甚至往120以上走時,波段上漲的機率提高。

我們這裡講的都是機率高低,股票市場沒有絕對的事。

投信為正規而專業的研究及投資團隊,雖然偶爾會出現一、二個歪瓜劣棗的基金經理人,結合主力炒作、假公濟私或中飽私囊之類,但整體來說,投信還是有一定的專業水準,操作的趨勢動向具有參考性,尤其是選股的方向,常常可以當成潛力產業或族群的重要線索,是投資人不可錯過的公開資訊。

有時我們會看到投信買超的個股集中在防禦型標的,比如高股息股、金融股、電信股,民生消費股、通路股、公用事業等,通常意味對後市看法偏保守,找不到比較有信心的成長動能股,此時也是一種對大盤要轉保守的信號。

投信公司都會有一群專職的研究員,還有數名資歷較豐富的基

金經理人，每天都在拜訪公司、收集產業資訊、研究公司財報、討論與預判公司的前景，因此投信的買賣超，大部分都會有其依據。雖然看法不一定都對，但有人先幫我們過濾，並且真的拿錢出來買的個股，這些資訊取得非常容易，為何不好好利用呢，對吧？

基金每月、每季、每半年、每年，甚至每三年或五年都會有排名，比的是相對大盤的績效，因此大多數的基金，選股時的邏輯還是以動能為主。當然也有些基金是長期價值型投資，但佔的比重不大，因此投信買進的個股若有族群性，就很可能是主流股族群正在成形，這是我們最喜歡的投資標的。

至於散戶，雖然老是成為被收割的韭菜，但其動向也有參考價值，比較直接好用的指標是散戶期貨未平倉部位大小，這是什麼指標呢？

台灣加權指數期貨有分成大台指跟小台指，大台指每點200元台幣，小台指只有1／4大小，即每點50元台幣，因期貨合約小，所需的保證金少，是比較適合散戶操作的期貨。因期貨商手續費是按口數算，因此大戶或法人若交易小台指，交易成本會提高，比較不划算。在所有的未平倉部位中，扣除掉三大法人持有的未平倉，得到淨未平倉量，可以當成散戶持有小台指的部位。當此未平倉偏向淨多單時，代表散戶是樂觀的，韭菜的悲哀就是常常變成反指標，通常接下來大盤的漲勢會停滯，或者轉為下跌；當此未平倉量轉為淨空單時，代表散戶是悲觀的，反指標看空，那大盤通常跌不到那裡去，甚至會有波段的上漲行情。當散戶未平倉量由多翻空，或由空

翻多時，常是大盤短期轉折的訊號之一；而散戶未平倉量一直保持多單或空單不變時，通常也是波段行情正在進行的訊號。

我們以圖5-6為例，說明上述指標的運用。

1處Ｐ／Ｃ比由低往上，代表主力大戶樂觀，指數出現波段式上漲；

2處Ｐ／Ｃ比再度由低往上，主力大戶做多，指數再出現一波上漲；

3處Ｐ／Ｃ比同樣由低往上，主力大戶偏多，此時Ｐ／Ｃ比值雖然創高，但指數的漲勢減緩，表示另有其他大戶在調節；

4處Ｐ／Ｃ比急速下滑，反應台股修正一波，主力大戶急收手；

5處Ｐ／Ｃ比由多翻空，降到100以下，為過去一年多首度翻為空方數值，大盤漲勢告終，進入修正波段；

6處Ｐ／Ｃ比原來回升到120左右後又再度翻空，台股進行第二波修正；

7處為投信出現連續性的買超，代表基金申購的資金流入，此時應要再去看投信買超的標的與族群，常會是主流股；

8處投信的買盤更長而穩定，代表基金的申購量更大，市場漸趨熱絡；

9處回檔一波後，投信再度有穩定買盤，台股再度上漲；

圖5-6 台股vs.P/C比，投信進出及散戶未平倉量

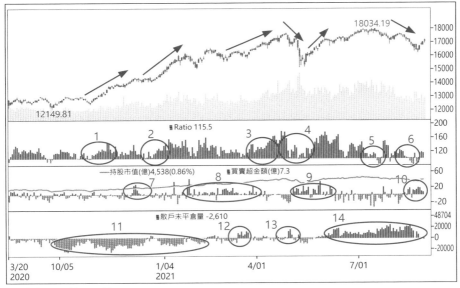

資料來源：籌碼K線

10處投信跟著大盤下跌的連續賣超後，終於出現一連串的買盤，台股進入反彈波段；

11處散戶未平倉量持續偏空，而且隨著台股波段上漲而一路做空，反指標無誤；

12處散戶未平倉量由空翻多，台股隨即進入整理期；

13處散戶未平倉量再度由空翻多，台股就出現一波急殺，或者可以說當大盤跌時，散戶總喜歡猜底摸底，或是搶反彈，因此才會跌的時候就開始做多；

14處散戶開始進入長期的做多，一開始是對的，台股仍有盤堅

向上，只是漲勢已大不如前般俐落，上漲沒多久後就出現做頭向下的修正，散戶不離不棄，做多就是做多，再怎麼跌還是做多。一直到8月下旬台股觸底，散戶未平倉量才轉為中性，並進一步小幅偏空，台股就進入反彈波。

所有的指標都只能就單一構面的變化來做解釋，不太可能只用一個指標就完美詮釋大盤的轉折，不同的籌碼指標間也未必會指向同一個方向。儘管如此，整體來說，籌碼面指標的變化可以讓我們看到市場主要參與者的動向，對大盤能有更清晰的藍圖，仍是一種很好用的工具。若再搭配技術面的關鍵價，多空的方向性就能進一步提升。

2020年Covid-19疫情造成全球居家上班上課的人變多，交易看盤時間也變多，增加了很多新投資戶，台灣政府證交稅當沖稅率減半的優惠延長，使台股的當沖交易盛行，常佔大盤成交量的4成以上。若再加上隔日沖，一半以上的台股交易為二天以內的短線交易，這些交易對當天盤中的追高及殺低有影響力。隔日沖則是對第二天上半場的交易也會有平倉的賣壓，造成股價短期的波動增加，但把時間拉長一點來看，對波段投資者或是價值投資者，原來的股價趨勢並不會有影響，只要依據關鍵價來操作，避免追高殺低，就不會受到太大的干擾。

▍技術面

大盤一樣可以依照前面章節的技術分析方法來解讀，從多空趨勢的大架構、形態、異常量價、重要的支撐與壓力，最後得到關鍵

價。多頭就看關鍵價支撐不破就偏多操作，空頭就看關鍵價壓力，無法克服就偏空看待，根據多空趨勢來控制適當的持股水位。

■ 先看國際股市多空架構：與台股最關連的指數─費半指數

現代資訊流通快速，投資人可以很容易取得各式的投資訊息，國際股市及產業的連動性因而變得更高，對國際資金來說，佔權值6成以上的科技股就是台股的代表性產業，我們不會跑到日本吃泰國菜，不會特別為了買韓國的銀行股而把錢投入韓股，相同地，國際資金投資台股也不會為了買台灣的內需產業而來，第一優先一定是科技股或外銷股，其他再按指數權重分配。台灣具有完整的資通訊產業鏈，尤其是最上游的晶圓代工、封測及IC設計，以及最下游的系統組裝EMS，想看清這些產業的前景，就要觀察硬體最核心的元件─半導體的景氣。費城半導體指數是一個很好的科技股領先指標，指數共有30檔成份股，從IC設計、半導體設備及材料、晶圓代工、整合設計與製造晶圓廠（IDM）等，都是具競爭力的全球性半導體公司，因此指數的多空十分具有指標性意義。費城半導體與台股的連動性高（參見表5-1），費城半導體若為多頭架構，台股大概也不太會走空；反之，若費城半導體為空頭架構，台股也很難大漲。

跟台股大盤有相關的股市或產業指數很多，但根據台股的產業市值結構，以及台灣產業上下游供應鏈關係來看，費城半導體是目前與台股連動性最高的指數。

表5-1 費半指數成份股

名稱	價格 （2021年8月）	流通市值 （百萬美元）	名稱	價格 （2021年8月）	流通市值 （百萬美元）
AMD	111.32	135,027	Microchip Technology	159.01	43,575
NVIDIA	226.88	567,200	KLA	342.11	52,253
Broadcom	498.89	204,675	ON Semiconductor	45.27	19,490
Micron	73.16	82,360	Cree	85.71	9,933
Analog Devices	166.98	61,484	Qorvo	190.83	21,209
Intel	53.94	218,835	Teradyne	123.21	20,326
TSMC (ADR)	118.99	617,091	Monolithic Power Systems	502.94	23,095
QUALCOMM	145.94	164,620	Silicon Laboratories	160.15	7,169
Applied Materials	136.05	122,843	II-VI	63.04	6,664
Lam Research	607.99	86,306	Entegris, Inc.	120.7	16,367
Texas Instruments	191.43	176,730	Lattice Semiconductor	62.76	8,560
Marvell	61.96	51,030	MKS Instruments	149.48	8,289
ASML Holding	839.59	349,701	Brooks Automation, Inc.	85.15	6,326
Skyworks Solutions	186.1	30,733	CMC Meterials	132.84	3,882
NXP Semiconductors	227.64	60,355	IPG Photonics Corporation	172	9,201

資料來源：Money DJ

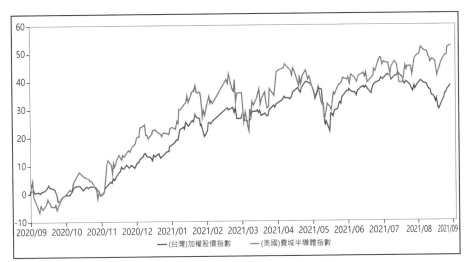

圖5-7 費城半導體指數與台股走勢亦步亦趨

—(台灣)加權股價指數　—(美國)費城半導體指數

資料來源：Stock ai

■ 一樣要解讀多空趨勢，找到支撐與壓力

大盤跟個股一樣，可以由成交量與成交價繪製成K線圖，最重要的看點是看懂目前大盤到底是多頭、空頭或區間盤。若是多頭，支撐在何處；若是空頭，壓力在何方；若是區間盤，支撐與壓力各有多少空間。分析方法與個股的技術分析無異，都是從中期循環、多空架構、形態與異常量價，找到支撐與壓力，搭配前面提到的大盤籌碼面分析，做出整合的判斷，就能為大盤的趨勢定調，以關鍵價與停損點決定做多或做空，操作部位是要積極或保守。

■ 依大盤多空調整持股水位

對波段投資人來說，持股水位並不是以指數的高低來當絕對標

準，而是依據多空趨勢及停損的距離。若是看漲，買在指數一萬點或二萬點都不是問題，只要離停損點不遠，買完還會漲就行；若是看跌，賣在二萬點或一萬點也都不奇怪，只要是破停損點，賣完還有下跌空間就該賣。相對地，若目前價位離支撐及停損點很遠，就算大盤已經跌很多了，也不能一股腦兒把資金全押下去，否則一旦大盤回測支撐，就會沒有現金可以加碼。

■ 波段投資人看的是趨勢，買的是主流股，做的是關鍵價，抱的是波段，賣的是移動式停損。

若大盤為多方架構時，做多的部位就可以積極些，順水推舟，事半功倍，持股水位可以偏高；若大盤為空方架構時，做多的部位就要保守些，逆水行舟，事倍功半，持股水位要偏低；若大盤上有壓下有撐，屬於區間盤時，持股水位中性就可以，重點在選擇強勢的主流股。

波段操作部位的控制，多少比例算是高或低，要視個人風險承受度而定。簡單的做法可以依照三分法或四分法，三分法就是積極時持股可超過2／3，但保守時要低於1／3，中性時就是依主流股強度而定，主流股明確時就多一點，主流股不明時就偏保守些。若是採四分法，中性持股就是50%，對大盤十分看好時，才可以拉高到75%以上，保守時則要降到25%以下。

實務操作時，也許不用分得那麼精確，但一定要有持股水位的觀念，至少要能區分出高、中、低三種持股水位，來因應大盤的多空趨勢。持股水位是決定投資績效的重要乘數。

大盤看漲 ⇒ 持股高水位，積極買進主流股。

大盤看跌 ⇒ 持股低水位，破支撐都要停損，並小心強勢股補
　　　　　　跌。

大盤區間行情 ⇒ 中性持股水位，慎選主流股。

　　如果沒有控制持股水位，在該保守時還保持高持股，甚至加大部位，前面上漲波段好不容易累積的獲利，很可能在高檔區的一波修正中，就把獲利全吐光；相反地，該積極做多時，畏首畏尾，看著別人賺一波後，才開始有知覺，可能就錯過最甜美的一段漲幅。從另一個角度來看，投資比的不是多頭市場中有沒有賺到，而是當股市進入空頭修正時，可以少吐多少回去，保留住多少獲利。

　　因應大盤來控制持股水位道理很簡單，人人都能理解，但實際上卻很容易因為對個股的貪心、恐懼及不甘心，而失去理性判斷，等到行情漲一大段或跌了一大段後，才後悔沒有早點進場或出場。因此藉由關鍵價來協助我們看清大盤的多或空，及時做出對我們資產有利的決策，就有一定的必要性。

　　在大盤修正期時，弱勢的族群會先跌，因為認同度最低，當潮水退去，沒穿泳褲的人會現形。大家在減碼時，通常會先處理這種前景不怎麼看好、體質不佳，只靠想像題材的個股，或者因為前一陣子大盤好，而跟著輪動補漲的個股。許多補漲股是混水摸魚型的股票，補漲股的基本面比較弱，才會從一開始時就沒有買盤進駐，上漲純粹來自比價關係。比如郭台銘有私人飛機，我也應該可以有

一台遙控飛機的概念，說到底原本就沒有上漲的條件，只是投資人自己強加的想像，因此當幻想無法持續時，也很容易樹倒猢猻散，打回原形。

當大盤進入空頭修正的初期，主流股或績優股賣壓還不大，股價也維持在高檔區，此時很容易讓人誤會，以為只要抱著主流股或績優股，大盤怎麼跌都不關我的事。事實上，當大盤有大波段修正時，這些主流股或績優股常是最後一波的補跌族群，不是不會跌，只是時機未到而已。因此，若察覺大盤跌破重要關鍵價支撐，形態或架構上已經翻空時，就要全部個股都先減碼再說，不一定要全部清空，不過減碼是買保險的概念，寧可賣錯少賺，但可以避免大盤出現更大的下跌時，進而造成個股全面性的重挫。若不幸，真的賣錯了，等大盤收復關鍵壓力時，再把減碼的部位回補回來即可。

這是持股部位的管理，而且幾乎每隔一段時間就可能會遇到一次。全球資產的價格持續攀升，有很大部分是靠低利率及量化寬鬆在支持，意思是市場上有的是錢，都在找尋投資機會，市場看多時，資金會一湧而上；市場看空時，又一下子殺到片甲不留，心理面及系統性交易的影響很大，若沒適時調整部位會很吃虧。黑天鵝事件雖然是不定期出現，但在股票市場中一定會出現，投資獲利不小心就會變成紙上富貴，繁華來去一場空，甚至有些個股若套牢在高檔，將陷入長期的痛苦與心理糾結。

反過來說，大盤突破中期的整理區的壓力，或者完成一個底部形態出現B點，若檢視籌碼面，發現也開始好轉，以關鍵價投資的想

法，下方支撐很近，風險可控，上方至少有1×漲幅可以期待，就是一種可以積極做多的B點，可以優先加碼率先轉強的族群。一般可以領先大盤觸底轉強的族群，表示認同度高，在逆境中，買盤已經大於賣壓，一旦大盤真的反彈，買盤會更積極，自然很可能是下一波的主流股，是值得一賭的操作，勝率相對高。

圖5-8分別是台股及大立光的日K線圖，2020／3／9當天，台股指數跌破前面二次低點形成的支撐，變成破線的向下B點，進入另一波的大跌，甚至跌到2×跌幅才開始反彈。但若對照股王大立光，3／9仍守住支撐，3／10更出現紅K棒上漲，一付要力扛山河的氣勢，一直到3／12才正式破支撐，不是不跌，只是時機未到而已。因為是績優的股王，讓投資人以為不會跟著大盤跌，但當基金在被贖回時，就是全面性的減碼，我不賣，別人也會賣，早一天賣，少賠一天。若我們仍抱著大立光不賣，就要忍受向下B點出現後的1×跌幅，之後雖然有反彈到頸線，但大盤其實早就彈回到原來的高檔了，一來一回之間，不但套牢的沒有解套，別人在漲的也沒賺到，這就是沒有控制持股水位的結果。

相反地，若是有控制持股水位，在3／9大盤向下B點破線時，就先減碼大立光，後面大盤開始反彈時，就有現金可以買進更有反彈氣勢的股票，不但躲開大跌，還能很快的跟上大盤，開始獲利。

圖5-8 台股指數及大立光日K線圖

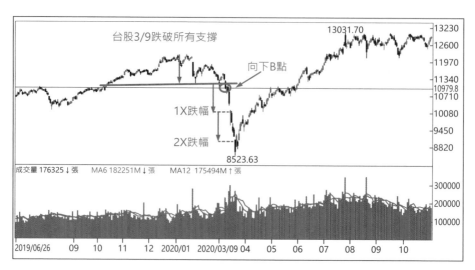

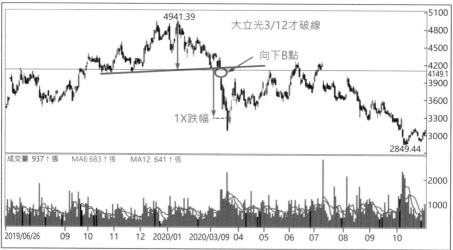

資料來源：群益證券

244

—— Chapter 6 ——

操作常見問題釋疑

操作的理論與實務之間會有一些差距，我們討論幾個
常見的疑問。

▋ 操作不順時該如何調整？

　　只要是有投資經驗的人都會有一種感覺，我們即使用同一套方法來操作，也會出現有時順手，有時逆風的狀況，可以歸因於每次操作的外在條件都不盡相同，因而造成不同的結果。比如產業不同、個股不同、大盤多空不同、市場氛圍不同、時機不同等等，或者也可以簡單歸因於運氣，順與不順交替出現是一種自然的正常現象，我們一定會遇到。但當操作不順時，該如何調整？

　　操作不順，代表股價不是朝著我們預想的路走，可能是因為我們思慮不夠周全，也可能是外在環境發生了新的變化。怎樣叫操作不順？當我們用心挑選了股票後，結果一進場就套牢，到達停損點，一而再，再而三，在短期內發生三次停損，就算是不順了。

　　此時最忌不甘心、不信邪，在賭場想用身家翻本的人最後都沒好下場。德國股神科斯托蘭尼（André Kostolany）曾說：「成功投資的四要素是：金錢、想法、耐心與運氣」，連大師都說運氣不可缺，我們又何必鐵齒在不順手時硬拼呢？如果你親朋好友之中，有會打麻將的人，他們都會有個共同特性，在準備進入聽牌的過程中，不是每次摸到一張不要的牌都隨便把它衝出去。當運氣不好時，會以避免放槍為優先，聽牌及胡牌為其次，等待運氣好轉。

　　運氣好不好並不是我們可以控制與預測的事，但如何因應的策略卻是可以由我們自己決定，懂得在不順手時趨吉避凶，就能把損失控制在一定的範圍，但要怎麼做呢？

　　最簡單的方法就是在運氣不好時，把部位降到最低，要多少算低呢？降到即使股價大跌，也不會心痛的持股水準，此時你就會開始冷靜下來，反思自己之前操作不順的主要因素是什麼。投資要進步，一定要反思，找到做對的思路，也改進做錯的思路，才不會重複犯一樣的錯誤。當部位降下來，手上才會有現金，若大盤真的大

跌，反而可以抓到重新布局的機會；若大盤不跌反漲，只是沒賺到，也不會擴大損失。

記得之前在準備證券投資分析人員資格考試時，會練習題庫的考題，其中有一題每次練習作答時都錯，因為自己覺得某個答案才合理，書本裡給的標準答案怪怪的，而且前後總共練習答題3次，就錯了3次，到了考試時，居然剛好又考了那題，你猜怎麼了？還是答錯！！很誇張吧？！這就是人的慣性思維，用自己習慣的思路去想事情，每次都會犯一樣的錯。在股票投資時，更是容易犯一樣的錯，因為人都會選擇忘掉不愉快的經驗，上次怎麼追高殺低賠錢的，這次還是一樣的情節，像是按了repeat鍵，再來一遍。有時運氣不好，正是因為自己的慣性思維盲點，若能反思自己的交易，會有助於降低不順的機率。

順風時要攻擊，逆風時要防守，個股該停損的就要確實停損，很多時候我們稍微猶豫，等到一回神時，可能又差2、3成的價差，到時想砍就砍不下手，整個投資部位就卡死在那了。若不幸進一步下跌到5成，可能就越陷越深，再也無法解套了。逆風時只有降低部位才能冷靜下來，反思操作不順的原因，等到操作開始又順手時，再逐漸加大部位，功力又會恢復而精進。

根據經驗，接二連三的停損，也可能是大盤進入修正的訊號，此時不宜再逆勢而為，修正期想靠做多賺錢，除非你像NBA獨行俠隊的Luka Doncic一樣是天才球員，能在嚴密的防守中找到空檔上籃出手或妙傳給隊友，在修正輪跌的大盤中找到做多的股票，難度很高。

一定要買主流股嗎？

有些人喜歡去四處挖寶，找新餐廳試菜，這是一種生活的樂趣，有時會碰到沒什麼人知道的美味餐廳，心裡會有撿到寶的歡喜，列為口袋名單；但有時會踩雷，吃到很不OK的飯館，只是不好

吃也就是一頓飯的損失，無傷大雅。

但是對一個股票的波段投資者來說，最重要而簡單的原則是：沒人的餐廳不要進去吃，我們要先承認自己是後知後覺者，沒有先知的能力，我們也不是神農氏，不需要自己去親嚐百草，我們只要選擇有好評的餐廳來吃就好。因為飯可以亂吃，錢不能亂丟，有好評的餐廳就像是主流股，有一定的認同度，我們可以預期會有更多人受到吸引，當人潮多錢潮多，股票就容易上漲。所以投資當然要買主流股，不要浪費太多心力在冷門股上，除非你是有洞悉力、有遠見且耐心十足的價值型投資人。

我們每年都可以在股市中看到很多主流股的例子，其實一年只要買對二波主流股，績效就一定會不錯。即使是後知後覺者，在主流股形成後才中途加入，績效也不會太差，就怕是太固執己見，對主流股視而不見，不知不覺的人，會等到市況實在太熱，媒體上天天看到利多報導時，才願意相信。但通常此時股價可能已漲了幾個月或大半年以上，風險已漸大，這種不知不覺的投資人，在股價已經進入空頭修正時，反而抱得比誰都牢，認為基本面沒變壞，股價不應該跌，一定會有反彈或回升的時候。但是當產業趨勢方向即將觸頂反轉前，股價都是提早反應做頭向下，只看眼前的數字不錯，而不管股價已在反應未來趨勢，是一廂情願的想法。市場上這種投資人不在少數，此時其實用關鍵價就很好用，股價反轉時會出現假突破或破線形成頭部，雖然不是賣在最高點，但至少可以賣在相對高檔區。

買到主流股，時間會是朋友，但勿把損友當益友。有時就算是同一個產業，也會有主流股跟非主流股的差別，還是要看到次產業的差異。以印刷電路板（PCB）來說，全球最大的PCB廠是臻鼎KY，在2019年中至2021年中，二年之間股價都沒漲，甚至還下跌；相反地，屬於主流股ＡＢＦ載板龍頭的欣興電子則有截然不同的表現，在二年之間，股價由40元翻漲到150元以上，大漲近3倍。

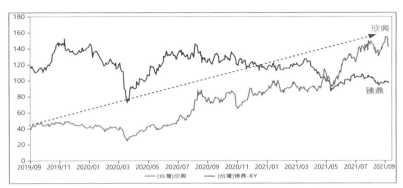

圖6-1 PCB的龍頭廠欣興及臻鼎KY，二年之間走勢天壤之別

資料來源：Stock ai

這就是主流股與非主流股的差別，投資組合的品質決定投資績效，你說，我們該不該買主流股？

明明是看好的股票，為何買了還是賠錢？

最常見的原因是進場點不對，買的價位離支撐太遠，比如某股票短線已經漲了3、4成或更多，因為市場媒體全面喊多，信心滿檔，此時因為害怕沒跟到，才想要去追股票，但若買完之後，股價突然回跌10%至15%，可能就會失去信心，認為自己買錯了，正常的反應都是想要趕快停損掉，但可能又砍在相對低檔區。

股價漲多就會有獲利回吐，在還沒有回測出支撐在哪時，只能用之前的量價去猜測，因此還不好確認；但若是股價已經回檔過一次，測出支撐區，第二次再接近時就有個支撐的基準，支撐的可信度就會高一點。我們追高後的停損價位，可能正是別人獲利回吐的賣壓結束之時，正要形成支撐。

關鍵價投資術只有在突破壓力區的B點才需要追高，其他時候我們應儘量以近支撐區的N點或者N點區來低接，會比較安全，因為相對有支撐力。買在離支撐很遠的地方，是禁不起回檔的，進場點錯

了，整個節奏都會亂掉，就算看好的股票最後是上漲，但中途若先被停損了，也賺不到它的錢。

買在接近支撐區並不是就100%會賺錢，但是若看錯而賠錢時，我們離停損點很近，造成的損失不會太大，就算停損了好幾次，只要抓到一次對的波段上漲，就可以彌補回來了。這是一種賠小賺大的模式，只要賠跟賺的機率不要差太多，就可以有正的預期報酬率。

市場上有一種人，不知哪來的信心，以為自己會領先市場挖到寶，明明主流股已經很明確，但因為怕追高，或不知如何介入，不願當追隨者，或是不想同流合污似的，喜歡自己在冷門股或弱勢股中找股票。若是有眼光的先知先覺者，這樣是正確的做法，因為可以買到便宜貨，但我們大部分的人都是凡人，剛好挖到寶的機率很低。買了冷門股或弱勢股，過了幾個月大多還是冷門股或弱勢股，自己看好的股票別人不一定看好，只要別人沒有看好，股價就還是不會漲，不是沒漲到的股票就可以補漲，雖然有自己看好的股票，卻仍是賺不到錢，沒有抱對股票也可能是原因之一。

先知先覺者或是價值投資者，有如種水果的農夫，看好特定水果的品種，耐心的種苗與培育，等待時間醞釀，逐漸長大成樹，然後自然結果，每年定期收穫；後知後覺者或是波段投資者，有如捕魚的漁夫，看季節、觀氣象、順潮流、等魚汛，在適合的時機出海捕魚，期待在每一次出擊時有好的漁獲，漁夫不會在颱風接近時硬要出海，若不看時間、地點、潮流，也不看魚群探測器，只知道魚汛來了就亂下網，收網時可能不會有太好的漁獲。買股票也是要等主流股的關鍵價來了再出手，才是安全而有效率的做法。

▌可以利用短線交易賺到越多價差嗎？

漁船出海時，原則上等漁船開到魚群聚集的漁場後，才會開始下網作業，假設途中看到幾條魚在海面上跳，船長就等不及開始先

下網，若捕到一些魚，的確令人開心，是老天賞口飯吃；但若遇到的不是大魚群，基本上此次下網算是事倍功半，等收完網，大概就會延誤了原來要趕上的魚汛，錯過的可能是好幾倍的漁獲。

一檔股票由100元漲到130元的過程中，很少是三根漲停直接到達（如果是，那就是飆股模式，不能亂賣），絕大多數的走勢是來來回回，進三退二，或進二退一，以往右上方傾斜的鋸齒狀或波浪式的上漲，我們會萌生一種想法：如果不斷高出低進，110元出一趟，107元接回來；115再出一趟，112再接回來，就這樣一直做到130元，原本30元的價差，不就可以擴大變成50元的價差，我好聰明，對吧？

但現實狀況可能是：110元出掉後，沒有什麼回檔就續漲到115元，強迫自己忍住，想等他回檔到110元以下再回補，結果股價整理一下又漲到120元，這下慌了，忍不住在120元趕快追回來，但此時股價卻回檔到115元，心中罵完XX後，不爽的停損掉，股價就開始轉強，上漲到130元。

我們自以為聰明的想法，想賺盡每一個小波動，很容易就會被市場修理，股價從來不是乖乖牌照我們想的走，原來抱著不動就會賺到30元的波段，被我們弄到只賺到10元，還停損5元，最後加起來只剩賺到5元，事倍功半的結局，像是為捕幾條魚而錯過大魚汛的船長。

在移動式支撐沒有被跌破，或者還沒出現假突破，或者尚未到達1×漲幅前，若只憑感覺來進出，錯過的漲幅往往會比避開的跌幅多很多，此時若利用關鍵價投資術的移動式停損，可以有效協助我們克制交易的衝動。

減少短線交易，抓大放小，用望遠鏡來看股票的未來，通常才是可以賺到波段的贏家，設定好關鍵進出價後，就不需要時時盯盤，可以釋放出更多寶貴的時間。

股市裡賺最多的人都是長期投資的人，但當這種出色的人，一來要有眼光抱對股票；二來要忍受上上下下的波動；三要有耐心與定力，不是一般人可以輕易達到的境界，大部分是套牢才變長期投資，但我們退而求其次，一般人做波段投資還是一種可以達成的目標。

■ 股票K線圖沒有標準形態時該怎麼判斷？

無招勝有招，就抓支撐與壓力

每個人看完投資相關書籍，心裡可能都會希望自己像張無忌在山洞中得到武林祕笈一樣，在短期內就練成乾坤大挪移，突然功力大增，可以將書上看到的模式拿來無腦的套招，然後錢就自然源源不絕的跑出來，但很遺憾的是，世界上沒有這麼好的事，否則人人都可以利用投資來變富豪了。書上能點出核心觀念，但實務上，股票市場的變數千千萬萬種，絕少出現條件一樣或K線圖形態相符的情境，就像每一波打上沙灘的海浪，看起來都是浪，其實每次有不同的變化。

沒有任何二檔股票的K線圖會長得一樣，我們在前面章節提到的各種形態與結構，想在市場中看到完全標準的樣式，少之又少。大多數都是變形版的，讓人感覺要套用K線形態時會模擬兩可，但這不影響我們對股價趨勢的判斷，只要回到最初最基本的4個B的檢驗方法：

公司是否有巨大改變（Big Change），題材是不是夠大夠久，足以當主流股？

是否有族群同步（Buddies）？

股價是否為多頭架構？是否已完成底部或中繼整理期（Base）及突破（Breakout）？

股價的支撐與壓力在哪？

多頭看移動式支撐，只要支撐不破就不翻空；空頭看移動式壓力，只要壓力沒有，突破就不翻多。

處理K線圖時無招勝有招，順著趨勢，找到移動式支撐或移動式壓力，抱到趨勢改變為止，如此就能克服沒有標準形態的問題。

我們看個例子當成最後的收尾。

新唐科技主要產品是MCU（微處理器），在台灣MCU產業中，新唐的技術層次最高，可以設計32位元的MCU以及伺服器遠端管理IC（BMC）。2020年併購日本松下半導體廠，生產成熟製程的電源管理IC、影像感測IC及功率IC等相關產品，擴大產品線的技術及種類，並藉此打入日本客層。2021年因全球車用MCU全面缺貨，排擠作用下，連一般消費性電子的標準型MCU也跟著缺貨，產品價格在半年內調漲二次價格，中國大陸的通路商更趁機屯貨炒作，標準型MCU漲價幅度超過10倍，一反過去MCU價格緩跌的慣性，產業進入難得一見的榮景。

由新唐的基本面狀況及股價，我們來檢視一下它的4個B，看是否為主流股：

- Big Change：成熟製程IC缺貨而漲價，MCU為最缺的產品之一，出現巨大改變。

- Buddies：同族群的盛群及國際間的MCU公司，營收及股價也呈現多頭架構。

- Base：股價雖然已上漲一段，但在2021年6到7月初進行平台式的整理，符合中繼整理形態。

- Breakout：7月初以一根長紅K棒突破整理區的壓力，出現B點1。

⇒ 完全符合主流股的4個B，B點1突破後就可追進，停損點設在

B點1下方即可。

上漲一段後進入獲利了結的整理，若此時才終於敢去追高的散戶，可能馬上面臨回檔的風險，因為不知道支撐在哪。所幸回測一段後，出現長下影線止穩，繼續橫向整理。

當股價再次回測前次低點時，就有一個可以參考的支撐，因為投信的連續買超並沒有結束，仍是天天買進，籌碼面支持我們把此處當成N點低接區，風險就是再破前低時要停損，因此風險還算可控。

到了8月下旬，出現突破收斂形態壓力線2的B點2，有機會展開新一波攻擊，若在此時決定進場，停損點就設在破B點2或線2時，高檔區的B點追高，總是要多一分謹慎。

在B2點出現後的隔天，新唐爆出異常量，雖然當沖佔比很高，約76%，但異常量就有可能是過熱或是主力趁機出貨，必須更仔細的應對。

當異常量出現後，若股價漲不上去，反而開始走弱時，就要小心異常量為出貨量。

之後股價再創新高175元，但隔2天便跌落小頸線1，有假突破的疑慮，我們的反應之所以變得這麼緊張，是因為股價在高檔區，近期曾有異常量，加上投信的買盤開始轉為減碼，因為過去幾乎天天買，現在出現連2天的賣盤，且賣壓不小，重視股票動能的投信態度大轉變，我們就要開始懷疑股價是否已見高點。

假突破後就可以先做一些減碼，二天後再度跌破B點2及頸線2，此時就應該出清，即使賣完後又反彈，感覺好像有可能賣錯，但是異常量的壓力擺在那裡，可操作的空間已變小，已不再是大波段的操作機會，退場的機會成本不大。

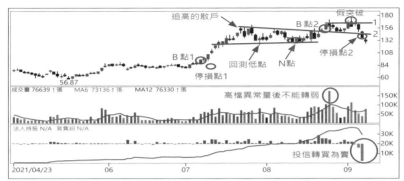

圖6-2 新唐科技多頭架構的過程

資料來源：群益證券

若在破線1時出場，獲利分別是：70元（B1進場者）；30元（N點進場者）；20元（B2進場者）。

假設不是在假突破時出場，而是等到停損點2才出場，在B點1進場的部位，獲利約有50元；若是N點進場的部位，可以小賺10元左右；若是在B點2才進場的部位，本身承受的風險就會比較大，會虧損10元左右。整體而言，順著多頭架構，依照支撐與壓力，在關鍵價出手，還是會有不錯的收益。

當股價有形態時就用形態來估計，沒有形態可依循時，就用支撐與壓力，更精確的說，是用移動式支撐或移動式壓力。以本例來說，移動式支撐由B點1 ⇒ N點 ⇒ B點2 ⇒ 線1，因距離成本區會越來越遠，因此就算移動式支撐被跌破觸發時，通常也只是回吐而少賺一點。回吐的部分是我們押注股價有可能再漲的賭金，本來就有賠掉的心理準備，出場時已立於不敗之地。

更多船長的文章，請到PressPlay Academy網站，搜尋：船長，或掃瞄二維碼：

https://www.pressplay.cc/p/Captain

台灣廣廈 國際出版集團
Taiwan Mansion International Group

國家圖書館出版品預行編目（CIP）資料

只選主流股，買在關鍵價：股市10倍奉還！船長的股票關鍵價投資術 / 黃仁慶 著，
-- 初版. -- 新北市：財經傳訊, 2021.12
面；　公分. --（view;48）
ISBN 9786269505616（平裝）
1.投票投資 2.投資技術 3.投資分析

563.53　　　　　　　　　　　　　　110016881

財經傳訊
TIME & MONEY

只選主流股，買在關鍵價：
股市10倍奉還！船長的股票關鍵價投資術

作　　　者／黃仁慶

編輯中心／第五編輯室
編 輯 長／方宗廉
封面設計／十六設計有限公司
製版‧印刷‧裝訂／東豪‧弼聖‧秉成

行企研發中心總監／陳冠蒨
媒體公關組／陳柔彣
綜合業務組／何欣穎

線上學習中心總監／陳冠蒨
產品企製組／黃雅鈴

發 行 人／江媛珍
法 律 顧 問／第一國際法律事務所 余淑杏律師‧北辰著作權事務所 蕭雄淋律師
出　　版／台灣廣廈有聲圖書有限公司
　　　　　地址：新北市 235 中和區中山路二段 359 巷 7 號 2 樓
　　　　　電話：（886）2-2225-5777‧傳真：（886）2-2225-8052

代理印務‧全球總經銷／知遠文化事業有限公司
　　　　　地址：新北市 222 深坑區北深路三段 155 巷 25 號 5 樓
　　　　　電話：（886）2-2664-8800‧傳真：（886）2-2664-8801
郵 政 劃 撥／劃撥帳號：18836722
　　　　　劃撥戶名：知遠文化事業有限公司（※ 單次購書金額未達 1000 元，請另付 70 元郵資。）

■ 出版日期：2021 年 12 月　　■ 初版3刷：：2022 年 4 月
ISBN：9786269505616